Joseph Ritter von Kriscn

Lexikon der Kriminal- und politischen Verbrechen, und deren Strafen

Joseph Ritter von Krisch

Lexikon der Kriminal- und politischen Verbrechen, und deren Strafen

ISBN/EAN: 9783743332508

Hergestellt in Europa, USA, Kanada, Australien, Japan

Cover: Foto ©ninafisch / pixelio.de

Manufactured and distributed by brebook publishing software
(www.brebook.com)

Joseph Ritter von Krisch

Lexikon der Kriminal- und politischen Verbrechen, und deren Strafen

Lexikon

der Kriminal= und politischen

Verbrechen,

und

deren Strafen.

Von

Joseph Ritter von Krisch,
kaiserlich königlichen böhmischen Landrechtsrath.

Prag,
In der von Schönfeld = Meßnerischen Buchhandlung,
1790.

Abſchaffung eines Kriminalverbrechers, in ſolche kann ſich nach den dermaligen Geſezen der Kriminalrichter niemals einmiſchen, weil ſelbe aus dem Kriminalverbrechen nie fließen kann; bei der Unterſuchung, Aburtheilung, und während der Vollziehung der Strafe kann alſo der Kriminalrichter nie diesfalls die politiſche Behörde angehen, und ihr die nicht gleichgültige Bemühung, auch ihres Orts in die Inquiſizion einzugehen, aufbringen. 8. Mai 1788. n. 822. a.

Abſchaffung eines Kriminalverbrechers, in ſolche hat ein Kriminalrichter ſich nie einzumengen, und kann diesfalls zwiſchen dem Kriminalrichter, und der politiſchen Behörde nichts anders verhandelt werden, als daß etwann von letzterer in einem, oder andern Falle die Mittheilung der Kriminalakten von ſelbſt, und aus eigener Beſtimmung angeſucht werde. 8. Mai 1788. n. 822. b.

Abgeſchafter, deſſen Zurückkehrung, ohne vorläufig bewirkter Nachſicht, in ſolche kann der Kriminalrichter ſich nicht einmengen, wenn wirklich die Abſchaffung durch ein nach den

v. Kriſch Lex.   A   ver-

vorigen Kriminalgeſezen gültiges Kriminalurtheil verhänget worden, es wäre dann die
Zurückkehrung zugleich mit der Begehung
eines Kriminalverbrechens vereint, in welchem
Falle ſich ſo wie in allen Fällen, zu be-
nehmen iſt, wo zugleich kriminal, und politiſche Verbrechen bei dem nämlichen Inqui-
ſiten zuſammentreffen, dagegen hängt die
Nachſicht einer von dem Kriminalgericht nach
vorigen Geſezen verhängte Abſchaffung ein-
zig von dem Kriminalobergerichte ab. 8.
Mai 788. n. 822. b. c.

Abtreibung der Frucht, deſſen macht ſich jene
Weibsperſon ſchuldig, welche weis, daß ſie
ſchwanger iſt, und gefliſſentlich was immer
für eine Handlung unternimmt, welche die
Abtreibung der Frucht verurſachen, oder ihre Entbindung auf eine ſolche Art bewirken
kann, daß das Kind todt zur Welt kömmt,
was für ein Bewegsgrund immer dieſes La-
ſter veranlaſſet habe §. 112. Die Strafe der
Abtreibung iſt im erſten Grade zeitliches,
aber hartes Gefängniß, und öffentliche Arbeit. Dieſe Strafe iſt bei verehlichten Weibs-
perſonen ſtets zu verſchärfen. §. 113.

Abtreibung der Frucht. Die Mitſchuldige an
dieſem Verbrechen ſind, die die Mittel zur
Abtreibung angerathen, ſolche zu dieſer Abſicht herbeigeſchaffet, oder ſonſt auf was immer für Art mit Wiſſen dazu beigetragen haben. Dieſe Mitſchuld mag auf Verlangen
der Weibsperſon, oder ohne daſſelbe geſchehen ſeyn §. 114. Die Strafe der Mitſchuld
an dieſem Verbrechen iſt im erſten Grade zeitliches gelinderes Gefängniß, und öffentliche

Ar-

Arbeit. Diese Strafe ist zu verschärfen, wenn der Theilnehmer der Vater des abgetriebenen Kindes zu seyn überwiesen wird. §. 115.

Adels Verlust, (siehe Verschärfung §. 34.)

Adel des Kriminalverbrechers, (siehe Kriminalurtheil. §. 38.

Amt, obrigkeitliches, (siehe Misbrauch des obrigkeitlichen Amtes §. 59. 60. 61. 62.)

Anhaltende Strafe, (siehe Grad der Strafen. §. 23.

Anschmiedung bestehet darinn: der Verbrecher wird in schwerem Gefängnisse gehalten, und dermassen enge angekettet, daß ihm nur zur unentbehrlichsten Bewegung des Körpers Raum gelassen wird. Der zur Anschmiedung verurtheilte Verbrecher wird zum öffentlichen Beispiele alle Jahre mit Streichen gezüchtiget. §. 25.

Anschmiedung, schwerstes oder hartes Gefängniß, eine Folge der Verurtheilung hiezu ist, daß der Verurtheilte nicht nur vom Tage des über ihn gefällten Urtheils, und solange seine Strafzeit dauert, keine letztwillige Anordnung errichten kann, sondern daß dadurch auch alle letztwillige Anordnungen ungiltig, und unwirksam werden, welche der Verbrecher, obgleich vor dem geschöpften Urtheile, dannoch schon nach seiner in Verhaftnehmung errichtet hat. §. 29.

Antheilnehmung, (siehe Theilnehmung, Theilnehmer, Mitschuldige.)

Anverwandte des Verbrechers, (siehe Kriminalstrafe. §. 16.)

A 2

An-

Arreſtanten iſt das Haupthaar allmonatlich ab-
zuſchneiden. n. 104.

Aufruhr und Tumult iſt jede eigenmächtige Zu-
ſammrottung mehrerer Perſonen, um der
Obrigkeit mit Gewalt Widerſtand zu leiſten,
die Abſicht eines ſolchen Widerſtandes mag
nun ſeyn, um von der Obrigkeit etwas zu
erzwingen, oder eine aufliegende Pflicht nicht
zu leiſten, oder eine getroffene Anſtalt von
was immer für einer Gattung zu vereiteln;
Auch iſt es als Aufruhr und Tumult gleich
anzuſehen, die Gewaltthätigkeit mag unmittelbar gegen die Perſon der Obrigkeit ſelbſt,
oder gegen einen Beamten, und untern Diener, welche zu Ausführung ihrer Anordnungen beſtimmet ſind, verübet werden. Daher
ſich dieſes Verbrechens auch diejenigen Unterthanen ſchuldig machen, welche ſich wider
ihren Grund, Dorf, Vogt, oder Gerichts-
herrn, oder deſſen Beamten, wie auch Gemeinden, die ſich wider ihren Vorſteher aus
Widerſetzung zuſammenrotten. §. 50.

Aufruhr und Tumult. Die Mitſchuldige und
Theilnehmer an dieſem Verbrechen ſind alle
diejenige, welche Zuſammenkünfte, bei denen
die Anſchläge zur Zuſammenrottung gemacht
worden, in ihren Häuſern geduldet, welche
Gemeinden zur Zuſammenrottung aufgehezet,
oder Anſchläge dazu an die Hand gegeben,
oder auch nur Wiſſenſchaft von ſolchen An-
ſchlägen gehabt, und die Anzeige an die
Obrigkeit zu machen unterlaſſen haben. §. 51.

Aufruhr oder Tumult, welcher ſich in ſolche
miteinziehen läßt, ſetzt ſein Leben in Gefahr,
　　　　　　　　　　　　　　　wenn

wenn es so weit kömmt, daß die Zusammen-
gerotteten mit offener Gewalt zerstreuet werden müssen. Bei diesem Verbrechen hat das
standrechtliche Verfahren einzutreten, und können nach den verschiedenen Rücksichten auf das
Verbrechen und den Verbrecher alle Gattungen der Strafen dagegen statt finden. Von
Seite des Verbrechens kömmt das Maaß der
weit aussehendern Absicht, die Gefährlichkeit
des Anschlages, und der zur Ausführung ge-
brachten Mittel, die Wichtigkeit der hieraus
entstandenen Folgen. Von Seite des Verbrechers aber der Grad der Antheilnehmung
und bezeigten Thätigkeit zu erwegen. Bei dem
höchsten Grade der Bosheit und Gemein-
schädlichkeit sind daher, die Rädelsführer nebst
Einziehung des Vermögens, so in diesem Falle dem Staate ohne Rücksicht auf die etwan
vorhandenen Kinder ganz heimfällt, zur Todesstrafe zu verurtheilen. §. 53.

Aufruhr, (siehe Kriminalverbrechen. §. 40.)

Aufruhr und Tumult, (s. Zusammenrottung.)

Ausforderer und dessen Strafe, (siehe Zweikampf.)

Ausgeforderter, und dessen Strafe, (siehe Zweikampf.)

Ausländer, (siehe Landesverräther §. 48.)

Ausstellung auf der Schandbühne bestehet
darinn: der Verurtheilte wird in Eisen geschlossen, und bewachet in einem zur Zusammenkunft des Volkes geräumigen Orte auf
einem erhöhten Gerüste durch drei aufeinan-
der folgende Tage jedesmal eine Stunde lang
der öffentlichen Schau ausgestellet, und in
ei-

einer ihm vor der Brust hängenden Tafel mit einigen Worten das begangene Verbrechen angezeiget. §. 33.

Ausspäher, Spionen. Derselben Strafe ist in den Kriegsgesezen bestimmet, worüber auch nur das Militargericht zu urtheilen hat; sonst ein Landesverräther aber ist mit Gefängniß zu bestrafen, dessen Dauer und Beschwerlichkeit nach Maaß, als der Gegenstand der Entdeckung wichtig ist, nach Beschaffenheit der angewendeten List, nach Verhältniß desjenigen Schadens, der für den Staat entweder entstanden ist, oder doch hätte entstehen können, auszumessen, damals aber mit mehrerer Strenge zu bestimmen ist, wann der Thäter zugleich als ein in landesfürstlichen Diensten stehender Beamter eine wesentliche ihme bekannte Pflicht des Amtes, worüber er dem Landesfürsten den Eid geschworen hat, verletzt. §. 49.

B.

Beamter, wenn er als Landesverräther zu betrachten, (siehe Landesverräther §. 48. dessen Strafe, siehe Landesverrath §. 45. 46. Ausspäher §. 49.

Beförderte Entweichung aus dem Kriegsdienste, dessen macht sich schuldig, wer wissentlich einen Soldaten, der zur landesfürstlichen Fahne geschworen hat, oder einen zu dem landesfürstlichen Militarkörper gehörigen Dienstknecht zur Entweichung aus dem Dienste selbst beredet, oder da der Militar hiezu

für

für sich nicht entschlossen gewesen, ihm mit
Rath und That an die Hand geht, oder wenn
jemand einem entschlossenen Ausreisser durch
Abkaufung seiner Montur, oder seines Ge-
wehrs, durch Anweisung des Wegs, durch
Verkleidung, Verbergung, durch einen bei
sich gegebenen Aufenthalt, oder sonst auf eine Art hilfliche Hand beut, und dadurch die
Ausreissung entweder erleichtert, oder die
Ausforschung und Entdeckung desselben erschweret. Wenn derjenige, der sich dieses
Verbrechens schuldig gemacht hat, zum Kriegsdienste tauglich ist, soll er ohne Ausnahme
an die Stelle desjenigen in den Kriegsdienst
eintreten, zu dessen Entweichung er den Vorschub geleistet hat. Macht ihn aber das Ge-
schlecht, oder ein anderer Umstand zum Kriegsdienst untauglich, so ist der Verbrecher nebst
dem, daß er in die Kriegskasse das doppelte
Rekrutengeld zu bezahlen hat, zu einem im
ersten Grade zeitlichen gelinden Arreste zu
verurtheilen. Diese Strafe ist in einen im
zweiten Grade zeitlichen Arrest, und öffentliche Arbeit zu verwandeln, wann der Verbrecher der Kriegskasse die Zahlung zu leisten
nicht vermögend ist. Wie die Entweichung
aus dem Kriegsdienste an dem Ausreisser
selbst zu bestrafen sey, ist in dem Kriegsgesetze bestimmt: worüber auch nur das Militargericht zu urtheilen hat. §. 86. 87. 88.

Begnädigung, (siehe Verbrechen und Strafbarkeit. §. 180.)

Beleidigte Majestät. Derselben macht sich
schuldig, wer der dem rechtmässigen Landes-

füᵣ

fürſten von Gott verliehenen Hohheit, und
würde uneingedenk, an ſeine Perſon gewalt-
ſam Hand anlegt, und in böſer auf die Perſon deſſelben gerichteten Abſicht an ihm auf
was immer für eine Art ſich vergreift, wenn
gleich hieraus kein Schaden erfolget. §. 41.

Beleidigte Majeſtät. Dieſes Verbrechen iſt
mit der Einziehung des Vermögens, welches
in dieſem Falle dem Staate ohne Rückſicht
auf die etwan vorhandenen Kinder ganz heimfällt, und mit langwierigen ſchwereſten Gefängniſſe im zweiten Grade zu beſtrafen. §.42.

Beleidigte Majeſtät. Derſelben iſt auch derjenige ſchuldig, der die pflichtmäßige Ehrerbietung gegen den Landesfürſten aus den Augen ſetzt, und in öffentlichen Reden oder
Schriften denſelben anzugreifen die Vermeſ-
ſenheit hat. Die Strafe dieſes Verbrechens
iſt gelinderes Gefängniß zeitlich im zweiten
Grad. §. 43 44.

Beleidigte Majeſtät, welche Verbrechen dar-
unter gezählet werden, (ſiehe Kriminalverbrechen. §. 43. Verbrechen §. 40.)

Beſtellung zum Mord. Deſſelben macht ſich
ſchuldig, wer durch Liebkoſungen, Verheiſ-
ſungen, Geſchenke, Drohungen, Gewalt,
oder auf was ſonſt immer erſinnliche Wege
jemanden zur Ermordung eines Dritten zu
bewegen ſucht. Die Beſtellung mag nun auf
ſich genommen worden ſeyn, oder nicht: es
mag der verabgeredete Angriff, oder Mord
erfolget ſeyn, oder nicht. Nur in der Beſtrafung dieſes Verbrechens iſt ein Unterſchied
zu machen. Iſt die Beſtellung ganz nicht an-

ge-

genommen, oder zwar angenommen, doch
kein Angriff gemacht worden, ſo iſt der Verbrecher mit einem im zweiten Grade zeitlichen,
aber harten Gefängniſſe, und öffentlicher Arbeit zu belegen. Iſt über die Beſtellung
zwar der Angriff, aber nicht der Mord erfolget, ſo iſt wider den Verbrecher im erſten
Grade anhaltendes ſchweres Gefängniß, und
öffentliche Arbeit zu verhängen. Iſt endlich
der beſtellte Mord wirklich vollzogen worden,
ſo iſt der Verbrecher mit der nämlichen Strafe, als der Mörder ſelbſt, zu belegen. Sind
zwiſchen dem Beſteller zum Morde, und
demjenigen, gegen welchen er gerichtet iſt,
Verhältniſſe, deren im §. 92. Erwähnung
geſchieht; ſo hat hier gleiche Verſchärfung
der Strafe in jedem Falle ſtatt zu finden. §.
102. 103. 104. (ſiehe Mord §. 92.)

Beſtrafung mit Stock-Karbatſch und Ruthen-
ſtreichen wird entweder für ſich allein als
Strafe verhängt, oder zur Verſchärfung der
Strafe des Gefängniſſes, und der öffentl.
Arbeit. Dieſe Strafe muß öffentlich an dem
Verbrecher vollzogen werden. Die eigentliche
Ausmeſſung ſowohl der Zahl der Streiche,
die auf einmal zu geben ſind, als der Wiederholung dieſer Züchtigung hängt von ver-
nünftiger Beurtheilung des Kriminalrichters
ab, und iſt dabei nothwendig, auf die körperliche Beſchaffenheit und Stärke des Verbrechers zu ſehen. Der Verbrecher kann auf
einmal nicht mit mehr, als mit hundert
Streichen gezüchtiget werden. §, 32.

Betrüger, (ſiehe Trug.)

Bi-

Bigamia, (siehe zweifache Ehe. §. 177.

Böser Vorsatz, (siehe Kriminalverbrechen. n. 611. §. 2. 3. 4.

Brandlegung. Dessen Strafe, wenn die Flamme ausgebrochen, und a) einem oder mehreren Menschen die Ursache des Todes geworden, oder b) hat die Brunst beträchtlicher geschadet, Erarmungen nach sich gezogen. c) Ist dieses Verbrechen von dem Thäter wiederholt begangen worden, d) oder zeigt sonst ein Umstand, daß eine besondere Bosheit damit verbunden war, dann ist Brandlegung mit im zweiten Grade langwierigen harten Gefängnisse, und öffentlicher Arbeit zu bestrafen, die nach Verschiedenheit der Umstände noch verschärfet werden kann. Ausser dem ist, wenn die Flamme ausgebrochen, die Strafe der Brandlegung im zweiten Grade anhaltendes hartes Gefängniß, und öffentliche Arbeit. §. 172. Dabei ist dem Beschädigten das Recht der vollkommenen Entschädigung gegen den Thäter vorbehalten. §. 173. Wer in Kriegszeiten vorsetzlich in Freundes, oder auch ohne Befehl im Feindes Lande Feuer anlegt, ist nach dem Kriegsgesetze abzustrafen, und hat hierüber nur das Militargericht zu urtheilen. §. 174.

Brandlegung, derselben macht sich schuldig, wer etwas, wodurch Feuer entstehen kann, mit Vorsatz, und in der boshaften Absicht unternimmt, entweder um dadurch zu schaden, oder um sich Gelegenheit zu verschaffen, die bei dem Brande herrschende Unordnung zu Ausführung eines bösen Anschlages, oder

Ver-

Verbrechens zu benützen, die Flamme mag ausgebrochen, oder ohne Wirkung erstidet worden, oder der entstandene Schaden wichtig, oder unbeträchtlich seyn. §. 170.

Brandlegung. Die Strafe derselben überhaupt ist anhaltendes hartes Gefängniß mit öffentlicher Arbeit, und zwar, anhaltend im ersten Grade nur dann, wann die Flamme ohne schädliche Wirkung erstidet worden. Brandlegung hingegen a) zur Nachtszeit, b) an einsamen, von Besuchung der Menschen entlegenen Oertern, c) an einem Lager, d) an Magazinen, e) in Waldungen, f) Holzstätten, g) Scheuern, h) an Früchten auf dem Felde, oder i) an Oertern, die zu Aufbewahrung des Pulvers, oder sonst brennbarer Materialien bestimmt sind, k) oder unter solchen Umständen, welche zugleich offenbar dem Leben der Menschen Gefahr bringen, wenn sie auch wirkungslos geblieben, ist mit im ersten Grade langwierigen harten Gefängniße zu bestrafen. §. 171.

Brandmarkung, geheime, wird als eine Verschärfung der Strafe bestimmt. Sie geschieht mittels kennbarer, und unvertilgbarer Einschröpfung eines Galgens an der linken Seite des hohlen Leibes, findet nur gegen fremde Verbrecher statt, die zugleich außer Landes verwiesen werden. §. 39.

Brandmarkung, öffentliche, kann der Strafe, bei Verbrechen, worauf in dem Gesetze eine langwierige Strafe im zweiten Grade verhängt ist, beigefüget werden, besonders wenn die vorzüglich böse Eigenschaft, und die Gefährfährlichkeit des Verbrechens die Vorsicht fordert. Dem hiezu verurtheilten Verbrecher ist bei dem Eintritte in seine Strafe öffentlich auf beiden Wangen das Zeichen eines Galgens kennbar und so einzuschröpfen, daß es weder durch die Zeit, noch auch auf andere Art verlöscht werden kann. Die Verhängung der öffentl. Brandmarkung aber kann nur von dem Kriminalobergerichte geschehen. §. 24.

C.

Confiskazion des Vermögens, (f. Aufruhr, Tumult. §. 53.

Corpus delicti, (siehe Verbrecher bei Militaren. §. 182.

D.

Dauer der Strafzeit, siehe Grad der Strafen §. 22. 23.

Deserteursbeförderung, siehe Entweichung aus dem Kriegsdienste §. 86. 87. 88.

Desertionsfälle, siehe Konfiskazionsstrafe. Militarausreisser. Entweichung aus dem Kriegsdienste.

Diebstähl, der zum Kriminalverfahren geeignet ist, dessen macht sich jener schuldig, wer fremdes bewegliches Gut dem Besitzer, oder Eigenthümer, ohne Vorwissen und Einwilligung desselben betrüglicherweise entzieht, wann entweder der Werth des auf einmal

oder

oder in wiederholten Angriffen geſtohlenen
Guts nicht geringſchätzig iſt, das iſt, die
Summe von 25 Gulden nach der Wienerwährung überſteiget, oder auch bei geringe-
rem Werthe die Art der Entziehung mit den
§. 160. c. bis n. enthaltenen erſchwerenden
Umſtänden begleitet iſt. Sobald eine dieſer
beyden Rückſichten eintritt, iſt der Diebſtahl
ein Kriminalverbrechen, ohne darauf zu ſehen, ob die mindere Sorgfalt des Beſitzers
in der Bewahrung allenfalls die Entfremdung
veranlaſſet, oder erleichtert haben mag, ob
die Zurückſtellung des Geſtohlenen geſchehen,
oder dem Beſtohlenen Entſchädigung geleiſtet
worden. Nur, wann vor der gerichtlichen
Entdeckung des Thäters von dieſem eine frei-
willige Zurückſtellung des entfrembeten Guts
geſchehen iſt, hört es auf ein Kriminalverbrechen zu ſeyn, es wäre dann, daß dem
Beſtohlenen durch den mittlerweiligen Ent-
gang des entfrembeten Guts ein Schaden von
mehr als 25 Gulden wäre zugezogen worden
§. 156. (ſiehe Diebſtahl §. 160. 161. c.)

Diebſtahl deſſen iſt auch ſchuldig, wer ein ihm
zur Verwahrung, Beſorgung, Verkaufung,
Bearbeitung vertrautes frembdes Gut dem Eigenthümer ganz, oder zum Theil vorenthält,
oder ſich zueignet §. 157. Nicht minder ſoll
als ein Dieb behandelt werden, der recht-
mäſſigen Gläubigern einen Theil ſeines Vermögens, von dem ſie ihre Bezahlung erhalten ſollten, verſchweigt, vorenthält, und auf
was immer Art entzieht §. 158.

Dieb-

Diebſtahl, den keine beſchwerende Umſtände begleiten, deſſen Strafe iſt im erſten Grade zeitliches hartes Gefängniß, und öffentliche Arbeit §. 159.

Diebſtahl, iſt derſelbe a) von einem Dienſtbothen an dem Dienſtherrn, oder der Dienſtfrau, b) von einem Handwerker, oder Taglöhner an dem Meiſter, oder demjenigen, der ihn zur Arbeit bedungen hat, c) zur Nachtszeit, d) an einem verſperrten Gute, und eben ſo in einer mit Mauer, Umzäumung oder auf andere Art eingefangenen Waldung e) in Geſellſchaft mehrerer Diebsgenoſſen geſchehen; f) iſt er während der Feuersbrunſt, g) bei Gelegenheit eines Schifbruchs, oder anderer Waſſernoth, h) zur Zeit einer herrſchenden Seuche, i) oder ſonſt in einem Zeitpunkte begangen worden, da der Beſtohlene wegen eines ihm zugeſtoſſenen Drangſals ſeine Sachen zu bewahren weniger fähig war, k) iſt an einem Gott geweihten Orte geſtohlen worden, l) iſt dem Eigenthümer entweder, weil er nur ein geringes Vermögen beſitzt, oder m) weil der Werth des geſtohlenen Guts ſehr beträchtlich iſt, ein empfindlicher Schaden zugefüget, n) oder iſt der Diebſtahl von jemanden begangen worden, dem das geſtohlene Gut, es ſey landesfürſtlich, oder privat, unter Eid= oder obrigkeitlicher Verpflichtung anvertrauet geweſen: In allen dieſen Fällen iſt die Strafe im zweiten Grade zeitliches Gefängniß, und öffentliche Arbeit: Bei Eintretung der in a. b. c. f. g. h. i. und n) angezeigten erſchwerenden

Um=

Umſtänden aber im erſten Grade anhaltend §. 160. dem Beſchädigten bleibt der öffentlichen Strafe ungeachtet, das Recht vollkommene Entſchädigung an den Dieb zu ſuchen, vorbehalten §. 161.

Diebſtahl, wenn ſolcher mit dem in §. 160. a. c bis r. einkommenden erſchwerenden Umſtänden begleitet iſt, iſt ſich in der ausgemeſſenen Strafe durch die Geringſchätzigkeit des geſtohlenen Guts nicht beirren zu laſſen. 10. Juli 787. n. 691. h.

Diebſtahl, der an dieſem Mitſchuldige, oder Theilnehmer iſt derjenige, welcher mit Wiſſen geſtohlenes Gut kaufet, oder verkaufet, geſtohlen Gut verhelet, bei Ausübung des Diebſtahls auf der Wache ſtehet, die Gelegenheit zum Diebſtahle ausſpähet, und überhaupt mittelbar, oder unmittelbar zu dem Diebſtahle, auch nur mit gegebenem Rath hilft, wenn er auch ſonſt an dem geſtohlenen Gut nicht Hand angelegt, oder theil genommen hat. §. 163. Die Strafe der Mitſchuld oder Theilnehmung iſt im erſten Grade zeitliches, gelinderes Gefängniß, und öffentliche Arbeit §. 164.

Diebſtahl, der zwar nicht 25 fl. beträgt, aber in Geſellſchaft mehrerer Diebsgenoſſen verübet wird, gehöret zum Kriminalfache, folglich kann derſelbe nur dann als ein politiſches Verbrechen behandelt werden, wann die im Schluße des §. 156. des Strafgeſezes erſten Theils ausgedruckten Umſtände eintreten. 27. Aug. 787. n. 672. (ſiehe Diebſtahl §. 156.)

Diebſtahl, hiebei iſt kein Unterſchied, ob der Dieb mit dem Beſtohlenen in einem verwandtſchaft-

ſchaftlichen nexus geſtanden, oder nicht. 27.
Juli 787. n. 703.

Dienſtbothen die einen Diebſtahl begehen, ſiehe Diebſtahl §. 160. 161. a. b.

E.

Ehe zweifache. Siehe zweifache Ehe §. 177.

Ehrerbiethung gegen den Landesfürſten, wer dieſelbe auſſer Acht ſetzt, ſ. beleidigte Maj. §. 43. 44.

Eid falſcher, wenn jemand erweiſen kann, daß
ſein Gegner einen ſolchen abgeleget habe, ſoll
er dem peinlichen Richter alle ſeine Beweis-
mittel übergeben, und dieſer nach Beſchaffenheit der Umſtände von Amtswegen die Unterſuchung vornehmen. n. 13. §. 134.

Eid falſcher, wer einen Zeugen hiezu verleitet,
iſt nicht nur zur vollkommenen Entſchädigung
des Gegentheils zu verhalten, ſondern ſoll
annoch insbeſondere nach den politiſchen Geſezen beſtrafet werden. n. 13. §. 137.

Eid falſcher, ſiehe Trug. §. 151.

Einſchröpfung des Galgens, ſiehe Brandmarkung §. 39.

Einziehung des Vermögens, zieht das Verbrechen der beleidigten Majeſtät nach ſich, ſiehe beleidigte Majeſtät §. 42.

Einziehung des Vermögens, ſiehe Verſchärfung §. 34. Aufruhr, Tumult §. 53. beleidigte Majeſtät.

Entadelung, ſiehe Kriminalurtheil §. 38.

Entführung, derſelben macht ſich ſchuldig, der
ſich einer Weibsperſon in der Abſicht von
ihr

ihr für sich, oder einen andern zur Heurath,
oder Unzucht die Einwilligung zu bewirken,
wider ihren Willen mit Gewalt, oder List
bemächtiget, und sie ungehindert ihres Wi-
derspruchs, oder Widerstandes, von dem Orte ihres Aufenthalts wegführet, der Thäter
mag seine Absicht erreichet haben oder nicht.
Die Strafe dieses Verbrechens ist im zweyten Grade zeitliches hartes Gefängniß, und
öffentliche Arbeit nebst der allgemeinen Be-
kanntmachung des Thäters. Der Entführten
ist dabei das Recht der Genugthuung, und
vollkommenen Schadloshaltung vorbehalten.
§. 140. 141.

Entführung, derselben macht sich auch schuldig,
der eine Weibsperson, von welcher er weis,
daß sie einem rechtmäßigen Ehegatten ange-
hört, oder unter eines Vaters, Vormunds,
oder sonst einer rechtmässigen Gewalt stehet,
der rechtmässigen Gewalt dieser Angehörigen
ohne derselben Einwilligung entzieht. Die
Strafe der Entführung ist im ersten Grade
zeitliches gelinderes Gefängniß, und öffentliche Arbeit, wovon die eigentliche Dauer,
oder Verschärfung nach den Umständen zu bestimmen ist, die die That veranlasset, begleitet, oder ihr gefolget haben. Die Strafe
der Hilfleistung bei diesem Verbrechen, sie
habe in Beförderung, oder Verheelung der
That bestanden, ist im ersten Grade zeitliches gelinderes Gefängniß. §. 142. 143. 144.

Entschädigung, kann der Beleidigte, oder diejenigen, welche durch die Missethat beschädiget worden, ungeachtet der dem gemeinen
Wesen durch Vollstreckung der Strafe gelei-

v. Trisch Lex. B stes

steten Genugthuung, an dem Verbrecher, deſ=
ſen Erben, oder Vermögen im Wege Rech=
tens ſuchen, in ſoweit nicht die Antheilneh=
mung an der Miſſethat nach gegenwärtigen Ge=
ſeze den Verluſt dieſer Rechte ausdrücklich
nach ſich zieht. §. 15.

Entweichung aus dem Kriegsdienſte, die An=
ordnung des §. 87. des erſten Theils vom
Strafgeſeze, gemäß welcher derjenige, der
ſich des Verbrechens beförderter Entweichung
aus dem Kriegsdienſte ſchuldig gemacht hat,
in den Kriegsdienſten eintreten muß, wenn
er dazu tauglich iſt, findet auch dann ſtatt,
wann ſich wirklich der durch dieſe Beförde=
rung aus dem Kriegsdienſte entwichenen be=
mächtiget worden, oder wenn auch mehrere
Mitſchuldige bei dem nemlichen Entwichenen
eintreten ſollten; wenn aber der wegen die=
ſes Verbrechens zum Kriegsdienſte eingetre=
tene mehreren aus dem Kriegsdienſte Entwi=
chenen Beförderung verſchaffet hat, kann er
deßwegen nebſt ſeiner Stellung zum Kriegs=
dienſte zu einer andern Strafe nicht gezogen
werden. 9. Mai 788. n. 827.

Entweichung aus dem Kriegsdienſte, ſiehe be=
förderte Entweichung aus dem Kriegsdienſte
§. 86. 87. 88.

Entweichung, die Strafe desjenigen, welcher
dieſelbe befördert, ſiehe Kriminalverbrechen
§. 76. 77. 78. 79.

Entweichung, wenn der Gefangene hiezu Ge=
walt verſuchet, ſoll er mit Streichen gezüchti=
get, und mit ſchweren Eiſen belegt werden.
Hätte er die Entweichung mit Liſt oder Ge=
                                walt

walt wirklich vollbracht, so ist bloß der Entweichung wegen, ohne Rücksicht auf etwan begangene neue Verbrechen, als wegen welcher er insbesondere abzuurtheilen ist, seine Strafe während der noch übrigen Strafzeit durch Fasten, Streiche, schwere Eisen, und nach Gestalt der Umstände engere Anschmiedung zu verschärfen §. 80.

Erbschaft, des Kriminalverbrechers, siehe Vermögen des Kriminalverbrechers §. 37.

Erben des Verbrechers, siehe Kriminalstrafe §. 16.

F.

Falscher Eid, (siehe Trug. §. 151.)

Falscher Namen, (siehe Trug. §. 152.)

Falsum, (siehe Trug. §. 149.)

Falsche Werber, (siehe Menschenraub.)

Falsches Zeugniß, (siehe Trug. §. 151.)

Feinde, die denselben geleistete Kundschaft, (sieh Landesverrath, §. 48. die geleistete Hilfe (siehe Landesverrath §. 43. 44.)

Feueranlegung, (siehe Brandlegung.)

Feuersbrunst, der hiebei begangene Diebstahl, (siehe Diebstahl §. 160. 161. f.)

Fleischliche Vergehungen, die zum Kriminalfache geeignet sind, und Ehebruchsfälle, sollen nicht mehr mit Geldstrafen, sondern mit Arreste, und Fasten bei Wasser und Brod, so nach Umständen auf mehrere Tage zu verhängen ist, abgestraft werden. n. 536.

B 2   Flucht

Flucht des Verbrechers, (siehe Strafurtheil §. 16.

Freier Wille, der Abgang desselben spricht von der Anschuldung eines Kriminalverbrechers in folgenden Fällen los.

a) Wenn der Thäter unsinnig, des Gebrauchs der Vernunft gänzlich beraubt ist.

b) Wenn bei abwechselnder Sinnenverrückung die That in der Zeit begangen worden, da die Verrückung dauerte.

c) Wenn die Uebelthat in einer Berauschung, die sich zufällig, ohne eine auf das Verbrechen gerichtete Absicht zugezogen worden, oder sonst in einer Sinnenverwirrung verübet worden, in welcher der Thäter seiner Handlungen sich nicht bewußt gewesen.

d) Im Kindesalter, das ist vor Erfüllung des zwölften Jahrs.

e) Wenn bei der gesetzwidrigen Unternehmung ein Zwang, eine unwiderstehliche Gewalt vorhanden war.

f) Wenn ein Irrthum mit unterlaufen ist, wobei dem Irrenden wegen der Irrung selbst keine Schuld beigemessen werden kann, und er ohne Dazwischenkunft des Irrthums auf erlaubte Art gehandelt haben würde. n. 611. §. 5.

Fremde Verbrecher, gegen solche allein findet die geheime Brandmarkung statt. §. 39.

Fremde, (siehe Landesverräther §. 48.)

Fruchtgenuß des Vermögens eines Kriminalverbrechers, (siehe Vermögen eines Kriminalverbrechers §. 36.)

Gal=

G.

Galgeneinschröpfung, (siehe Brandmarkung §. 39.)

Gähheit, (siehe Mord. §. 94. 95.)

Gefängnißstrafe, bei solcher sind folgende Grade bestimmt a) schwerstes b) hartes c) gelinderes Gefängniß. Bei allen drei Graden ist dem Verbrecher eine verhältnißmäßige Arbeit anzuweisen. §. 26.

Gefängniß schwerstes, bei solchem ist der Verbrecher mit einem um die Mitte des Körpers gezogenen eisernen Ring Tag und Nacht an den ihm angewiesenen Bette zu befestigen: auch können ihm, nachdeme die ihm auferlegte Arbeit es zuläßt, oder die Gefahr der Entweichung es fodert, schwere Eisen angeleget werden. Denen zum Gefängnisse Verurtheilten ist keine andere Liegerstatt, als auf Brettern, keine andere Nahrung als Wasser und Brod zuzulassen, und alle Zusammenkunft, oder Unterredung nicht nur mit fremden, sondern auch mit seinen Angehörigen und Bekannten zu untersagen §. 27.

Gefängniß hartes, ein hiezu Verurtheilter ist gleich dem Vorgehenden zu behandeln; nur sollen ihm a) minder schwere Eisen an die Füsse geleget, b) zween Tage in der Woche ein halb Pfund Fleisch zur Nahrung gegeben werden. n. 28. (siehe Gefängniß schwerstes §. 27.

Gefängniß gelinderes, der hiezu Verurtheilte ist zwar mit leichteren, aber doch immer mit

sol-

solchem Eisen zu belegen, von denen er sich ohne List und Gewalt nicht frei machen kann.
Einem solchen Verbrecher ist eine bessere A-
ßung, doch kein ander Getränk als Wasser zuzulassen, auch ohne ausdrückliches Vorwissen,
und ohne die Gegenwart des Gefangenauf-
sehers alle Zusammenkunft und Unterredung
mit Angehörigen und Bekannten zu verbie-
ten. Nach Beschaffenheit der Umstände kann
selbst das gelindere Gefängniß durch eine strengere Fasten für einige Tage der Woche verschärfet werden. Dann ist dem Gefangenen
an dem zur Fasten bestimmten Tage keine
andere Nahrung als ein Pfund Brod zuzulassen §. 31.

Gefängniß, langwieriges schweres im zweiten Grade, zieht das Verbrechen der beleidigten Majestät nach sich. (siehe beleidigte Majestät §. 42.

Gefangenhaltung, eigenmächtige, unberechtigte, derselben macht sich derjenige schuldig,
dem vermög Geseze, und Landesverfassung,
die obrigkeitliche Gewalt, und das hieraus
fließende Recht, unter der Gerichtsbarkeit
stehende gefänglich einzuziehen, nicht zukömmt,
wenn er jemanden wider dessen Willen eigen-
mächtig in ein Gefängniß setzt, die Person
desselben verschlossen hält, oder ihn auf welche Art immer in dem Gebrauche der Freiheit hindert, was auch für eine Absicht ihn
hiezu veranlasset habe. Hierunter aber ist
nicht begriffen: a) wenn ein erkannter Misse-
thäter, oder b) ein solcher, der mit Grund
für einen der gemeinen Sicherheit schädlichen,
oder gefährlichen Menschen angesehen worden,

so

so lange verschlossen gehalten wird , bis er
der ordentlichen Obrigkeit übergeben werden
kann, c) oder wenn ein Vater sein minder-
jähriges, oder d) ein Pflegvater ein in seiner Versorgung stehendes Kind zur häusli-
chen Züchtigung verschlossen hält. Jedoch in
den ersten zween Fällen muß zugleich mit der
Verhaftnehmung auch die Anzeige an die
Obrigkeit geschehen. In den letztern Fällen
aber kann die Verschliessung längstens durch
drei Tage dauern, und darf mit keinem Un-
gemache verschärfet werden, so der Gesundheit des Kindes schädlich werden könnte.
Die Strafe der eigenmächtigen, unberechtig-
ten Gefangenhaltung ist im ersten Grade
zeitliches gelinderes Gefängniß, welches nur
dann in der Dauer, und Verschärfung stren-
ger seyn soll, wann dem Angehaltenen durch
die Gefangensetzung Schaden zugefügt, oder
mit der entzogenen Freiheit noch anderes Un-
gemach vereinbaret worden. Dem Beleidigten ist dabei das Recht der Genugthuung,
und vollkommener Entschädigung allerdings
vorbehalten. §. 145. 146. 147.

Geheime Brandmarkung, wird als eine Verschärfung der Strafe bestimmt. Sie geschieht
mittels kennbarer, und unvertilgbarer Einschröpfung eines Galgens an der linken Seite des hohlen Leibes, findet nur gegen fremde Verbrecher statt, die zugleich ausser Landes
verwiesen werden §. 39.

Geistliche und Priester, sind verpflichtet Staats-
verbrecher, und ihren wissentlichen Aufenthalt anzuzeigen, deren Verheimlichung aber
sollen sie keineswegs begünstigen. 1 Mai 787.
n. 637.

Gemeiner Mord, (siehe Mord gemeiner.)

Geschenke, welche dem Richter gegeben werden, (siehe Misbrauch des obrigkeitlichen
Amtes §. 62.

Gewaltsame Thätigkeiten, so von dem Besitzer an einen Dritten, oder von einem Dritten gegen den Besitzer ausgeübet werden, sollen zu keinen Prozeß eingeleitet, sondern nach
Beschaffenheit kriminalisch untersuchet werden.
n. 489. u. u.

Gewalt öffentliche, (siehe Kriminalverbrechen
§. 40.)

Gewaltsame Handanlegung, (siehe Kriminalverbrechen. §. 119. 120.)

Grad der Strafen, in Beziehung auf die Dauer
sind a) langwierig im zweiten Grade, b)
langwierig im ersten Grade, c) anhaltend
im zweiten Grade, d) anhaltend im ersten
Grade. e) Zeitlich im zweiten Grade, f)
zeitlich im ersten Grade. Nach diesen in dem
Gesetze ausgedrückten Graden allein ist dem
Richter nach den §. 14. enthaltenen Rücksichten überlassen, die eigentliche Länge der
Zeit festzusetzen; in dem Urtheile muß die
Dauer der Strafzeit jedesmal ausgedruckt
seyn. Die Dauer einer in dem Gesetze bestimmten zeitlichen Strafe im ersten Grade,
kann nie weniger als ein Monat, nie über
acht Jahre — Die Dauer einer zeitlichen
Strafe im zweiten Grade nie über acht Jahre, nie unter fünf Jahren. Die Dauer einer bestimmten anhaltenden Strafe im ersten
Grade, nie über zwölf, nie unter acht Jahren — Die Dauer einer anhaltenden Strafe
im

im zweiten Grade, nie über fünfzehn Jahre,
nie unter zwölf Jahren — Die Dauer einer
langwierigen Strafe im ersten Grade, nie
unter funfzehn Jahre, nie über dreißig Jahre — Die Dauer einer langwierigen Strafe
im zweiten Grade, nie unter dreißig Jahren,
jedoch nach Umständen auch bis auf 100 Jahre ausgemessen werden. §. 22. 23.

H.

Handanlegung, gewaltsame, und deffen Strafe, (siehe Kriminalverbrechen. §. 119. 120.)

Handschrift, deffen Nachmachung, (siehe Trug.
§. 150.)

Hilfe und Beistand, welcher einem Missethä-
ter geleistet wird, (siehe Kriminalverbrechen.
§. 8.)

Hilfe zu Entweichung der Verbrecher, (siehe
Kriminalverbrecher. §. 40.)

Holzentfremdung, die in freien uneingefangenen
Waldungen begangen worden, soll nicht von
der Kriminal, sondern von der politischen
Behörde untersuchet, und bestrafet werden.
§. 162.

Holzentfremdungen in gesperrten Wäldern überhaupt gehören unter den Kriminalverbrechen
qualifizirter Diebstähle, jene in freien Waldungen aber unter die politischen Verbrechen.
§. 470.

Kar-

K.

Karbatſchſtreiche, (ſiehe Beſtrafung mit Stock-
ſtreichen. §. 32.

Kind, todtes, (ſiehe Abtreibung. §. 113. Weglegung. §. 116.

Kinder des Verbrechers, (ſiehe Kriminalſtrafe. §. 16.

Kirche, der daſelbſt begangene Diebſtahl. (ſiehe
Diebſtahl. §. 161. k.

Kriegsdienſte. Die beförderte Entweichung
aus demſelben, (ſiehe beförderte Entweichung
aus dem Kriegsdienſte. §. 86. 87. 88.)

Kriminalgerichtsbarkeit, wann an ſolche ein
Militarverbrecher zu übergeben, (ſiehe Verbrecher beim Militar. n. 182.

Kriminalgeſetzbuch. Andurch werden alle äl-
teren Geſetze, welche zu Beſtimmung der Verbrechen und Strafen ergangen ſind, auſſer
Kraft geſetzt und aufgehoben. 13. Juni 1788.
n. 611.

Kriminalgeſetz, an deſſen buchſtabliche Beob-
achtung iſt der Kriminalrichter gebunden, ſoweit in demſelben auf die Miſſethat die Größe und Gattung der Strafe genau, und ausdrücklich beſtimmet iſt: Es iſt ihm bei ſtren-
ger Verantwortung die geſetzmäßig vorgeſchrie-
bene Strafe weder zu lindern, noch zu verſchärfen erlaubt. Noch weniger iſt er berechtiget, die Gattung der Strafe zu ändern,
oder die Beſtrafung gegen eine Ausgleichung
zwiſchen dem Verbrecher und dem Beſchädigten ganz aufzuheben. n. 611. §. 13.

Kri-

Kriminalrichter, demselben liegt ob, ein billiges Ebenmaaß zwischen dem Verbrechen, und der Strafe zu beobachten, und in dieser Absicht alle Umstände sorgfältig gegeneinander zu halten, von Seite des Verbrechens hat er vorzüglich auf den Grad der bei der Uebelthat einschlagenden Bosheit, auf die Wichtigkeit der mit dem Verbrechen verknüpften Folgen, und die Größe des daraus entspringenden Schadens, auf die Möglichkeit, oder Unmöglichkeit der Vorsicht, welche dagegen gebraucht werden kann, Rücksicht zu nehmen, von Seite des Verbrechers auf das jugendlichere Alter, und die hieraus entstandene Verführung und Unbesonnenheit, auf die vorgegangene öftere Bestrafung, und die Gefährlichkeit des Rückfalls. n. 611. §. 14.

Kriminalrichter, (s. Kriminalurtheil. n. 752.)

Kriminalstrafe kann nur denjenigen treffen, der entweder die Missethat selbst begangen, oder sich derselben durch Antheilnehmung nach dem §. 7. und 8. schuldig gemacht hat. Weder die Strafwürdigkeit, noch die wirkliche Bestrafung des Verbrechens aber kann seinem Weibe, seinen Kindern, Anverwandten, Erben, oder einem Dritten, der an der Missethat keinen Antheil genommen hat, zum Nachtheile gereichen. n. 611. §. 16. (siehe Kriminalstrafe. §. 78.)

Kriminalstrafe folget dem entdeckten und bewiesenen Kriminalverbrechen. Diese kann nur von dem Richter verhänget werden, dem die Kriminalgerichtsbarkeit eingeräumt ist. Doch kann ein Verbrecher, der wegen einer Missethat

ſethat bereits, obgleich von einem unbefugten
Richter beſtraft worden, wegen der nämlichen
Miſſethat von dem eigenen Kriminalrichter
nur dann noch einmal mit Strafe beleget
werden, wann die erſte Strafe nicht nach
der Vorſchrift des Geſetzes, nicht im Verhältniſſe mit der Miſſethat zuerkennet geweſen iſt. Aber auch in dieſem Falle hat der
Kriminalrichter bei Verhängung der geſetzmäßigen Strafe auf die bereits ausgeſtande-
ne Rückſicht zu nehmen. §. 10. 11.

Kriminalſtrafe ſoll, wenn ein Verbrecher mehrerer unter ſich verſchiedener Miſſethaten ſchuldig, nach demjenigen Verbrechen, worauf
die ſchärfere Strafe beſtimmet iſt, zuerkennet, zugleich aber auf jedes Verbrechen wegen Verſchärfung der Beſtrafung Bedacht genommen werden. n. 611. §. 15.

Kriminalſtrafen ſind Anſchmiedung, Gefängniß
mit öffentlicher Arbeit, Gefängniß allein,
Stock-Karbatſch und Ruthenſtreiche, und
Ausſtellung auf der Schandbühne. Die drei
erſten Strafen können nach Beſchaffenheit des
Verbrechens verſchärfet werden, entweder
durch die längere Dauer, oder das damit
etwas vereiniget wird, daß ſie empfindlicher
macht. §. 21. (ſiehe Grad der Strafen. §. 22.)

Kriminalſtrafe, (ſiehe Kriminalrichter. n. 611.
§. 14. Verſchärfung. §. 34.)

Kriminalurtheil, wodurch der Verbrecher, dem
ein Adel eigen geweſen, als ſchuldig erkannt
wird, ſolchem iſt die Erklärung beizufügen,
daß dem Verbrecher für ſeine Perſon alle
Vorzüge und Rechte benommen werden, die
dem

dem Adel nach der Verfaſſung eines jeden
Landes eigen ſind. Doch erſtrecket ſich dieſer
Verluſt auf den Verbrecher allein, nicht auf
ſeine Ehegemahlinn, weder auch auf die vor
ſeiner Entadelung erzeugten Kinder. §. 38.

Kriminalurtheil, in ſolchen kann ein Kriminalrichter eben ſo wenig die Entſetzung von einem Gewerbe, oder von dem Bürgerrechte,
als die Entſetzung von einem Amte oder Be-
dienſtung einmengen. Unbenommen aber iſt es
demſelben, wenn er eine derlei Entſetzung zweck-
mäßig findet, ſich deswegen an diejenigen politiſchen Behörden zu verwenden, denen vermög der politiſchen Verfaſſung die Verleihung
des betreffenden Gewerbes, oder Bürgerrechts
zuſteht. 6ten Dez. 787. n. 752.

Kriminalurtheil, (ſiehe Strafurtheil. §. 16.)

Kriminalverbrechen, (ſiehe Verbrechen.)

Kriminalverbrechen, welche auf das Vermögen
und Rechte Beziehung nehmen, ſind a) Trug
ſtelionatus, falſum. b) Diebſtahl, c) Raub,
d) Brandlegung, e) zweifache Ehe. §. 18.

Kriminalverbrechen als ſolches iſt nicht jed
geſetzwidrige Handlung, ſondern nur diejenige anzuſehen, und zu behandeln, welche durch
das Strafgeſetz als ſolche erkläret worden.
§. 1.

Kriminalverbrechen. Hiezu gehöret böſer Vorſatz, und freier Wille. Böſer Vorſatz iſt
vorhanden, wenn vor, oder bei der geſetz-
widrigen Unternehmung, oder Unterlaſſung
des Uebels, ſo daraus folgt, überdacht, und
beſchloſſen worden, folglich die geſetzwidrige
Handlung eigens in der Abſicht verübet wor-

                                            den,

ben, damit das Uebel erfolge; böser Vorsatz fällt auch dann zur Schuld, wann zwar das wirklich erfolgte Uibel nicht eigens die Absicht der Handlung war, immer aber aus einer anderen bösen Absicht eine Handlung unternommen worden, woraus das Uibel gemeiniglich zu folgen pflegt, oder doch leicht folgen kann. Wer ohne bösen Vorsatz eine Uibelthat begeht, obgleich von seiner Seite eine Schuld vorhanden, ist kein Kriminalverbrecher, noch minder kann eine That als ein Kriminalverbrechen angesehen werden, wo das Uebel aus blossem Zufalle erfolgt ist. §. 2. 3. 4.

Kriminalverbrechen, wer hiezu nur erst nach vollbrachter Missethat dem Thäter mit Hilfe, und Beistand beförderlich gewesen ist, oder von der ihm bekannt gewordenen Missethat Gewinn, und Vortheil gezogen hat, macht sich zwar eines eigenen, besonderen, aber nicht des begangenen Verbrechens schuldig, ausgenommen er wäre vor verübter Missethat mit dem Thäter wegen künftiger Hilfleistung oder Theilnehmung einverstanden gewesen. §. 8.

Kriminalverbrechen, solches ist der Gedanke, und ein inneres böses Vorhaben allein nicht, jedoch ist zum Verbrechen auch nicht nöthig, daß die Uibelthat wirklich ausgeführet werde. Schon der Versuch der Uibelthat ist ein Kriminalverbrechen, sobald der Bösgesinnte zur wirklichen Ausübung derselben sich anschicket, und sein Vorhaben durch äußerliche Kennzeichen, und eine Handlung offenbaret hat, die That aber in der Folge nur aus Unvermögen,

gen, aus dazwischen tretenden fremden Hin-
dernisse, oder aus Zufall nicht vollbracht
worden ist. §. 9.

Kriminalverbrechen, die auf den Landesfürsten und Staat unmittelbare Beziehung
haben, sind a) beleidigte Majestät, b) Landesverrath. c) Aufruhr, Tumult, d) öffentliche Gewalt. e) Misbrauch des obrigkeitlichen Amtes, f) Verfälschung der Staatspapiere. g) Münzverfälschung. h) Hilfe zu
Entweichung der Verbrecher, Verhelung der
Verbrecher, Vorschub zur Entweichung aus
dem Kriegsdienste. §. 40.

Kriminalverbrechen, welche auf das menschli-
che Leben, und die körperliche Sicherheit
unmittelbare Beziehung haben, sind a) gemeiner Mord, b) Raubmord, c) Meuchelmord, d) Bestellung zum Morde, e) Zweikampf, f) Abtreibung der Leibesfrucht, g)
Weglegung der Kinder, h) gewaltsame Verwundung, i) Gewalt an sich selbst durch
Selbstmord. §. 89.

Kriminalverbrechen, welche auf die Ehre, und
die Freiheit Beziehung haben, sind a) Verläumdung, b) Nothzucht, c) Menschenraub,
d) Entführung, e) unberechtigte Gefangenhaltung. §. 126.

Kriminalverbrechen, dessen macht sich derjenige schuldig, wer durch seine Hilfe jemanden,
dessen Person sich die Obrigkeit bemächtiget
hat, das Entkommen, mit List oder Gewalt
aus dem Gefängnisse, oder Verwahrung zu
entweichen erleichtert, und zwar ohne Unterschied, ob die Hilfe einem Gefangenen, der
nur

nur erst in der Untersuchung steht, folglich noch nicht schuldig erkannt ist, oder einem unter Verwahrung und Strafe gehaltenen Verurtheilten geleistet wird. Wäre die Hilfe zur Entweichung unmittelbar von der Obrigkeit selbst, oder auch nur mittelbar mit ihrem Vorwissen, Einwilligung, an Hand gelassener Gelegenheit und Nachsicht geschehen, so ist die Strafe zeitliches, aber hartes Gefängniß, und zwar im zweiten Grade, wenn die Hilfe Staatsverbrechern, Mördern, Räubern, oder Feueranlegern geleistet worden. Zugleich wird ein solcher Verbrecher der Ausübung der obrigkeitlichen Gewalt, welche vielleicht mit dem Besitze eines ihm zustehenden Guts vereint ist, für die Zeit, als er davon Besitzer ist, verlustig. Diese Strafe ist durch öffentliche Kundmachung zu verschärfen. Ist die Hilfleistung zur Entweichung ohne Vorwissen der Obrigkeit selbst, von einem ihrer Beamten geschehen, oder von einem Diener, der zu Bewachung der Gefangenen eigens bestimmt ist, so ist der Verbrecher zur im ersten Grade zeitlichen harten öffentlichen Arbeit anzuhalten. Geschieht die Hilfleistung von einem Verbrecher, der dadurch nicht zugleich ein ihm anvertrautes Amt verletzet, so ist derselbe mit einem im ersten Grade zeitlichen, aber gelinderen Gefängnisse und öffentlicher Arbeit zu bestrafen. §. 76. 77. 78. 79.

Kriminalverbrechen, dessen ist auch derjenige schuldig, der aus Zorn, Rache, Feindschaft, Habsucht, oder sonst einer boshaften Absicht an jemanden gewaltsam Hand leget, wodurch der

der Angefallene zwar nicht getödtet, aber auf
eine beträchtliche Weise verwundet worden!
Die Strafe dieses Verbrechens ist je nach
dem Grade der unterlaufenen Bosheit, gebrauchten Gewalt, und der hieraus erfolgten Beschädigung im ersten Grade zeitliches
hartes, oder gelinderes Gefängniß. Nur,
wenn die Verwundung dem Leben gefährlich
ist, oder den Verlust der Gesundheit auf immer nach sich ziehet, oder sonst ein besonde-
rer Grad der Bosheit mit unterläuft, wird
für solche Fälle der zweite Grad zeitlichen
Gefängnisses bestimmet. Dem Verwundeten
muß in jedem Falle Genugthuung geleistet
werden, ihm aber sowohl, als seinem Weibe, und Kindern ist das Recht der Entschädigung vorbehalten, wenn die Verwundung
auf ihren Nahrungsstand einfließt, oder denselben auf irgend eine Art Schaden zugezogen hat. §. 119. 120.

Kriminalverbrechen, dessen ist schuldig, wer
jemanden aus böser Absicht an seinen Gliedern
verstümmelt, sollte es auch auf eigenes Verlangen des Verstümmelten geschehen seyn. §. 121.
Die Strafe darauf ist im ersten Grade zeitliches hartes Gefängniß und öffentliche Arbeit.
Diese Strafe ist bei gebrauchter Gewalt, und
beträchtlicherer Beschädigung zu verschärfen.
Dem Verstümmelten, wenn die That nicht
auf eigenes Verlangen geschehen, wie auch
seinem Weibe, und Kindern ist die Genugthuung, und Entschädigung vorbehalten. §.
122.

Kriminalverbrechen, dessen Abschaffung, (siehe
Abschaffung. §. 822.

v. Arisch Lex.   C   Kri-

Kriminalverbrechen und deſſen Anzeige, deſſen
ſind enthoben die Blutsverwandte des Thäters in auf- und abſteigender Linie, die Ehegatten, Aeltern, Kinder, Geſchwiſterkinder,
und die ihm in der Seitenlinie noch näher
Verwandten, oder im gleichen Grade Ver-
ſchwägerten, in Rückſicht auf ihr nahes Verhältniß mit dem Thäter, eben ſo werden
dieſelben von der Schuldigkeit die Anzeige in
politiſchen Verbrechen zu machen befreiet, jedoch befreiet ſie dieſe Enthebung von denjenigen Strafen nicht, welchen ſie als Theilnehmer oder Mitwirker in politiſchen Verbrechen und Uibertretungen nach den Geſetzen
unterliegen, den 15ten Dezember 788.

Konfiskazionsſtrafe in Deſerzionsfällen, in der
über Geſuche um Nachſicht derſelben zu er-
ſtattenden Berichten, hat das Appellazions-
gericht jederzeit die nähere Auskunft über
das Alter und Geſchlecht der vorhandenen
Kinder, dann ob ſolche nicht etwann ein
mütterliches, oder von einem andern zuge-
fallenes Vermögen beſitzen, und wie ſie ſeit
der Abweſenheit des Vaters ernähret werden,
einzuholen. n. 419.

Kundmachung, öffentliche, des Verbrechens be-
ſtehet darinn, daß der Name des Verbrechers mit umſtändlicher, ihn kennbar bezeich-
nender Beſchreibung ſeiner Geſtalt, die begangene Miſſethat, und das zuerkannte Strafurtheil allgemein auf diejenige Art bekannt
gemacht wird, die nach der Verfaſſung eines
jeden Landes zur allgemeinen Kundmachung
in andern Fällen eingeführet iſt. §. 35.

Kund-

Kundmachung, öffentliche, (siehe Verschärfung.
§. 34.

Kundschafter, (siehe Landesverräther. §. 48.
Ausspäher. §. 49.

L.

Landesfürst, der die Ehrerbietung gegen den=
selben ausser Augen setzt, ist der beleidigten
Majestät schuldig,, (siehe beleidigte Maje=
stät. §. 43. 44.

Landesfürsten und Staat betreffende Verbre=
chen, (siehe Kriminalverbrechen. §. 40.)

Landesverraths macht sich jeder ohne Unter=
schied, ob er ein Fremder oder Eingeborner
ist, schuldig, welcher undankbar gegen das
Vaterland und den Staat, dessen Bürger
er ist, oder worinn ihm auch nur Aufent=
halt, und Schutz gewährt wird, feindselig
etwas unternimmt, das mittelbar oder un=
mittelbar zum allgemeinen Nachtheile gereich=
te, sey es nun öffentlich, oder in geheim,
durch Rath, oder eigene That, mit, oder
ohne Ergreifung der Waffen, allein, oder
mit Zuthat von mehreren, durch Zusamm=
schwörung, Verrätherey, Entdeckung der
Staatsgeheimnisse, Verbindung mit Feinden,
denselben geleistete Hilfe und Vorschub, oder
durch was immer für eine Handlung dieser
Art. Diese Verbrecher, und ihre Theilneh=
mer sind mit der Einziehung des Vermö=
gens, welches in diesem Falle dem Staate
ohne Rücksicht auf die etwann vorhandenen

C 2   Kin=

Kinder ganz anheimfällt, und mit langwierigen schwerstem Gefängnisse im zweiten Grade zu bestrafen. §. 45. 46.

Landesverrath, wer als Theilnehmer zu behandeln, (siehe Theilnehmer. §. 47.

Landesverräther, als solcher ist ebenfalls zu be-
trächten ein Beamter, er sey Eingeborner
oder Ausländer, der die ihm in seinem Amte
bekannt gewordenen Staatsgeheimnisse entde-
cket; weiters derjenige, welcher sich in eine
der Provinzen, oder zu Kriegszeiten in das
Lager, oder in die Gegenden der Armee, oder
sonst eines Korps begiebt, um etwas aus-
zuspähen, und fremden Staaten, oder zur
Kriegszeit dem Feinde davon Kundschaft zu
geben; der Gegenstand der Ausspähung mag
geringschätzig oder wichtig, von nachtheiligen
Folgen seyn, oder nicht. §. 48.

Landesverräther, dessen Strafe, (siehe Ausspäher. §. 49.)

Landesverweisung, (siehe Abschaffung.)

Langwierige Strafe, (siehe Grad der Strafen.
§. 23.)

Lossprechung von Verbrechen, (siehe Verbrechen und Strafbarkeit.)

M.

Majestät beleidigte, (siehe Kriminalverbrechen. §. 40.

Menschenraub, desselben macht sich schuldig,
wer ohne Vorwissen, und Einwilligung der
rechtmässigen Obrigkeit eines innerhalb den
Grän-

Grånzen des Staats ſich aufhaltenden Men-
ſchen mit Liſt, oder Gewalt ſich bemåchti-
get, um denſelben wider ſeinen Willen an
einen fremden Staat, eine auswårtige Macht,
oder ſonſt innerhalb des Landes in eine un-
rechtmåſſige Gewalt zu überliefern. §. 134.
Die Strafe des Menſchenraubes iſt im erſten Grade langwieriges hartes Gefångniß,
welches verſchårfet wird, wenn der Thåter
ein Landeskind iſt. §. 135.
Menſchenraub, deſſelben wird auch ſchuldig,
wer innerhalb den Landesgrånzen in fremde
Kriegsdienſte, oder zur Anſiedlung in fremde Lånder wirbt, obwohl dabei keine Liſt,
oder Gewalt gebraucht worden, und der An-
werber ein Landeskind desjenigen Staats
wåre, dem er dadurch gedienet hat. §. 136.
Wer in fremde Kriegsdienſte wirbt, oder
wer einen zu unſerem Militårkörper gehörigen Mann auch nur zur Anſiedlung in
fremde Lånder wirbt, iſt nach dem Kriegs-
geſetze zu beſtrafen, worüber auch nur das
Militårgericht zu urtheilen hat. Geſchieht
aber die Werbung auſſer den erſt angezeigten
Fållen, ſo iſt die Strafe anhaltende öffentliche Arbeit im erſten Grade, die zu ver-
ſchårfen iſt, wenn der Thåter ein Landeskind
iſt, oder der Geworbene wirklich auſſer Landes geſetzet worden. §. 137.
Menſchenraub, als ſolcher iſt zu betrachten,
wer ein minderjåhriges, unter des Vaters,
Vormunds, oder ſonſt in einer Verſorgung
ſtehendes Kind mit Gewalt, oder Liſt ſeinem
Vater, Vormunde, oder Verſorger in Geheim entführet, was immer für eine Abſicht
                                    die-

diese Entführung zum Grunde habe, und es mag dem Kinde daraus ein Nachtheil zuge= hen, oder nicht. Ist dem geraubten Kinde kein Uibel zugefüget worden, so ist die Stra= fe des Raubes im ersten Grade zeitliches gelinderes Gefängniß. Ist mit dem Raube des Kindes ein Verbrechen begleitet, dann ist entweder die härtere auf dieses Verbre= chen gesetzte Strafe noch zu verschärfen, oder die gelindere Strafe in ein im ersten Grade anhaltendes hartes Gefängniß, und öffentli= che Arbeit zu verwandeln. Diese Art der Strafe findet auch dann statt, wann ein Kind in der Absicht geraubet wird, um es einer andern Religion, als in der es gebo= ren ist, zuzuführen. §. 138. 139.

Meuchelmord. Desselben ist schuldig, wer mit Verstellung, und Arglist, durch Waffen, oder Gift auf eine Art gemordet hat, die von Seite des Ermordeten Vorsicht, und Vertheidigung ausschloß. §. 100. Die Strafe des Meuchelmords ist im zweiten Grade lang= wierige Anschmiedung. §. 101.

Militar stehet in landgerichtlichen Fällen ohne Unterschied des Verbrechens, er mag begütert oder unbegütert seyn, unter der Militarge= richtsbarkeit, nur soll diese, ehe das Kri= minalurtheil gegen den Landmann kund ge= macht wird, dem Chef der Stände, zu denen der Uibelthäter gehört, die Sache anzeigen, damit derselbe ohne weitern aus dem Kata= ster der Stände gelöschet werde. n. 432. a.

Militar, (siehe Ausspäher. §. 49. Brandanle= gung. §. 174. Verbrechen bei Militaren. §. 182.)

Militarausreiffer, wenn auch derselbe anderer
Verbrechen schuldig oder beinzüchtiget wäre,
soll dennoch allzeit nach aufgenommenen Su=
mario sich mit der Militargerichtsbehörde
wegen seiner Uibergebung oder ferneren Pro=
zeßirung und Aburtheilung förderlich ein=
vernommen werden. n. 133.

Militarverbrecher, (siehe Verbrecher beim Mi=
litar. n. 182.)

Misbrauch des obrigkeitlichen Amtes, dieses
Verbrechens macht sich schuldig, wer in ei=
nem Amte die anvertraute Macht und sein
Ansehen anwendet, um jemanden an Ehre,
Vermögen oder wie sonst immer widerrechtlich
Schaden zuzufügen, sich von jemand Vor=
theile zuzuwenden, jemanden zu Ausführung
einer bösen Absicht und schädlichen Handlung
wider einen Dritten verhilflich zu seyn. §. 59.

Misbrauch des obrigkeitlichen Amtes, dessen
macht sich auch ein Richter schuldig, der durch
Geschenke, oder sonst durch Leidenschaft und
Nebenabsichten sich verleiten läßt, die or=
dentliche Gerechtigkeitspflege zu verändern,
Recht zu versagen oder ein offenbar unge=
rechtes Urtheil zu schöpfen. §. 59. Die Stra=
fe dieses Verbrechens ist hartes Gefängniß,
und öffentliche Arbeit anhaltend im ersten
Grade. Diese Strafe ist durch Ausstellung
auf die Schandbühne, und öffentliche Kund=
machung des Verbrechens zu verschärfen. §. 60.

Misbrauch des öffentlichen Amtes. Als Theil=
nehmer an diesem Verbrechen sind anzusehen,
welche den Richter, oder die Obrigkeit durch
Verheißungen, durch wirkliche mittelbar, oder

unmittelbar zugewendete Geschenke oder durch
andere sträfliche Wege zu dem Misbrauch des
obrigkeitlichen Amtes zu verleiten suchen, ih=
re Absicht mag ihnen gelingen oder nicht,
sie mögen zu ihren eigenen oder eines Drit=
ten Vortheil handeln. Die Strafe dieses
Verbrechens ist im ersten Grade zeitliches ge=
linderes Gefängniß und öffentliche Arbeit.
Doch können nach Umständen auch Verschär=
fungen statt finden. §. 61. 62.

Misbrauch des obrigkeitlichen Amtes, (siehe
Kriminalverbrechen. §. 40.)

Mitschuldige an der Verfälschung der Staats=
papiere und deren Strafe, (siehe Verfälschung
der Staatspapiere. §. 66. 67.)

Mitschuldige am Zweikampf, (siehe Zweikampf
§. 110. 111.)

Mitschuldige, (siehe Theilnehmer.)

Mitwirkung durch Befehl, Anrathen, Belo=
bung, Unterricht, durch Vorschub, oder
was sonst zu der erfolgten Missethat Veran=
lassung, und Ursache gegeben, oder zur Zeit
der verübten Missethat auf was immer für
eine Art dazu Hilfe geleistet, oder auch nur
zu ihrer sicheren Vollstreckung beigetragen
hat, wenn sie aus bösem Vorsatze und freiem
Willen entsprungen, macht eines Kriminal=
verbrechens schuldig. n. 611. §. 7.

Mord, desselben macht sich schuldig, wer einen
Menschen mit tödtlichen Waffen anfällt, oder
sonst an ihm auf eine Art gewaltsam Hand
anlegt, daß die Verwundung tödtlich, und
der Tod des Verwundeten entweder sogleich,
oder auch nach einiger Zeit, ohne in der Zwi=
schen=

schenzeit zu Stand gebrachte Heilung desselben, nothwendig erfolgt §. 90. Die Strafe
des gemeinen Mords ist im ersten Grade
langwieriges hartes Gefängniß. §. 91.
Mord gemeiner, wenn durch denselben und die
folgenden Gattungen des Mords zugleich auch
das Band der väterlichen, mütterlichen und
kindlichen Liebe, der ehelichen Treue, und
der Verwandschaft in den §. 85. erwähnten
Graden verletzt, denen hier noch die Geschwister der Aeltern und Großältern beizuzählen
sind; wird durch denselben endlich die engere
Verbindung verletzt, vermög welcher der Thäter dem Ermordeten zur Ehrerbietung verpflichtet gewesen, so soll die Strafe auf im
zweiten Grade langwieriges hartes Gefängniß
bestimmet, und noch durch empfindliche Zu-
sätze verschärfet werden. Solche Verschärfungen finden auch dann statt, wann aus
der Art des Mordes eine besondere Grausamkeit, und der Vorsatz hervorleuchtet, daß
der Mörder dem Ermordeten den Tod empfindlicher zu machen gesuchet hat. §. 92. 93.
Mord, wenn er in Gemeinschaft von mehreren
verübt worden, so ist jeder, der mit Wissen
und Vorsatz dazu beigetragen hat, als ein
Mörder zu bestrafen, er mag an den Ermordeten Hand angeleget haben, oder nicht. §.
94. Zorn, Uibereilung und Gähe (Gähheit.)
Raufhandel und Tumulte sprechen zwar den
Thäter überhaupt von der Schuld eines
Mordes nicht frei. Nach Umständen aber
kann in solchen Fällen die Strafe dennoch
gemildert werden. §. 95.

Mör-

Mörder, als solcher kann jener nicht angesehen werden, der jemanden in einer gerechten Nothwehr (Selbstvertheidigung) tödtet; doch gilt die Entschuldigung der Nothwehr nur dann, wann der Tödter erweist, oder sich aus den Umständen der Personen, des Orts, der Zeit gegründet schliessen läßt, daß er ohne gegebene Veranlassung von dem Getödteten auf eine Art angegriffen worden, daß er seine eigene Verwundung, oder gar den Tod mit Grunde befürchten konnte, oder wenn er erweist, er habe sich der gewaltsamen Vertheidigung, woraus der Tod seines Nebenmenschen erfolget ist, gebrauchet, um sein = oder seines Nebenmenschen Vermögen, oder Freiheit gegen einen ungerechten Angreifer zu schützen, dessen er sich ohne Gefahr eigener Verwundung, oder Tödtung zu bemächtigen nicht im Stande war. Des Verbrechens eines Mords aber ist schuldig, wer einen Menschen zwar nur in seiner Vertheidigung getödtet, aber die angezeigten Gränzen der gerechten Nothwehr überschritten hat, weil er ohne Schaden, und Gefahr sich dem Angriffe anders, als durch den Tod des Angreifers hätte entziehen, oder, da er sich des Angreifers, ohne ihn zu tödten, hätte bemächtigen können, oder, wenn er den Angriff, gegen welchen er sich nachher zu vertheidigen hatte, unmittelbar selbst veranlasset hätte. In solchen Fällen findet jedoch nur die Strafe zeitlichen Gefängnisses, und der öffentlichen Arbeit im ersten Grade statt, die bei besonders bedenklichen Umständen verschärfet werden kann. §. 96. 97.

Mord.

Mord. Die Bestellung hiezu (siehe Bestellung zum Mord. §. 102. 103. 104.)

Mordbrennen, (siehe Brandlegung.)

Münzfälschung, dessen ist schuldig, wer ohne landesfürstliche Erlaubniß nach innländischen, oder einem in den Erblanden umlaufenden ausländischen Gepräge Münze schlägt, wenn gleich Schrott und Korn der ächten Münze gleich, allenfalls noch hältiger seyn sollte. §. 68. Die Strafe der Münzfälschung ist im ersten Grade zeitliches aber hartes Gefängniß und öffentliche Arbeit. §. 69.

Münzfälscher ist derjenige, welcher nach landesfürstlichem, oder einem in den Erblanden umlaufenden Gepräge entweder aus ächtem Metalle ringhältigere Münze, oder mit ringschätzigerem Metalle unächte Münze schlägt, oder sonst durch Betrug falscher Münze das Ansehen der ächten giebt. §. 70. Die Strafe dieses Verbrechens ist hartes Gefängniß, oder öffentliche Arbeit anhaltend im zweiten Grade. §. 71.

Münzverfälschung. Die Mitschuldigen an diesem Verbrechen sind, die eigene zur Münzung dienliche Werkzeuge von was immer für Gattung verfertigen, und zur falschen Münzung wissentlich herbeischaffen, oder auf was immer Art zur Verfälschung der Münzen mitgewirket haben. §. 72. Die Strafe der Mitschuld an Münzverfälschen ist im ersten Grade anhaltendes hartes Gefängniß, und öffentliche Arbeit. §. 73.

Münzfälscher. Als solche sind auch zu behandeln, welche ächte in- oder ausländische Mün-

Münzen auf was immer Art in ihrem in=
neren Werthe, und eignen Gehalte, nach
welchem ſie gemünzet worden, verringern. §.
74. Die Strafe dieſes Verbrechens iſt im
erſten Grade anhaltendes hartes Gefängniß,
und öffentliche Arbeit. §. 75.

Münzverfälſchung, (ſiehe Kriminalverbrechen,
§. 40.)

N.

Namen falſcher, (ſiehe Trug §. 188.)

Nachſehung der Strafe. (Siehe Verbrechen
und Strafbarkeit §. 180.)

Nachtzeit, dieſer Ausdruck iſt nach dem allge=
meinen Verſtande der Worte zu nehmen. 15.
Juni 1787. n. 691. a.

Nachtzeit, der damals begangene Diebſtahl,
(ſiehe Diebſtahl §. 161. c. §. 96.

Nothwehr, (ſiehe Mörder §. 96. 97.)

Nothzucht begehet derjenige, der eine Weibs=
perſon in der ſchändlichen Abſicht ſie zu miß=
brauchen durch gewaltthätige Bindung, oder
durch Gehilfen ſeines Laſters auſſer Stand
ſetzet, ſeinen ſträflichen Begierden Widerſtand
zu leiſten, und der ſie dann in einem ſolchen
gewaltſamen Zuſtande wirklich mißbraucht.
Auch iſt dieſes Verbrechens ſchuldig, wer durch
vorgezeigte mörderiſche Waffen und Drohung
ſich derſelben zu gebrauchen eine Weibsperſon
zur Duldung der ſchändlichen Mißbrauchung
nöthiget. Die Strafe der Nothzucht iſt im
erſten Grade anhaltendes hartes Gefängniß

und

und öffentliche Arbeit, welche nach dem Grade der angewendeten Gewaltthätigkeit, oder
des der Gemißbrauchten zugefügten Schadens
zu verschärfen ist. Der beleidigten Weibsperson, welcher ihr Recht wegen der Genugthuung, und Entschädigung vorbehalten
bleibt, ist zugleich auch eine dem Vermögen
des Verbrechers angemessene reichliche Versorgung zuzuerkennen. §. 130. 131. 132.

Nothzucht, die Mitschuldigen hieran sind mit
im zweyten Grade zeitlichen harten Gefängnisse, und öffentlicher Arbeit, so nach Beschaffenheit der Umstände auch mit Streichen
verschärfet werden kann, zu bestrafen. Die
Gehilfen bei einer Nothzucht sind der beleidigten Weibsperson ebenfalls zurGenugthuung,
Entschädigung, und Versorgung verpflichtet,
so weit das Vermögen des Verbrechers allein
nicht zureichen sollte. §. 133.

O.

Obrigkeitliches Amt, dessen Mißbrauch (siehe Mißbrauch des obrigkeitlichen Amts. §.
59. 60. 61. 62.

Oeffentliche Arbeit, hat ebenfalls Grade der
Verschärfung, welche von der mehreren Beschwerlichkeit, größeren Ungemächlichkeit, oder
Verlängerung der Arbeit selbst abhängen, die
eigentliche Bestimmung der Grade wird aus
den in jedem Lande eintretenden besondern
Umständen dem Ermessen des Kriminalrichters überlassen §. 31.

Des

Oeffentliche Gewalt, dieses Verbrechens macht sich jener schuldig, welcher mit gesammelten mehreren Leuten gewaltsam in das Gebiet, Haus, Wohnung eines andern dringet, und daselbst an dessen Person, Haab, und Gut Gewalt ausübet, auch wenn die That bloß in der Absicht geschehen wäre, um angesprochene Rechte durchzusetzen, die Strafe der öffentlichen Gewalt ist ein hartes Gefängniß, das nie weniger als ein Monat, und nie über fünf Jahre dauert, und öffentliche Arbeit. Demjenigen aber, an welchem die öffentliche Gewalt verübt worden, bleibt dieser Kriminalbestrafung ungeachtet das Recht vorbehalten, die vollständige Entschädigung und Genugthuung zu suchen §. 54. 55.

Oeffentliche Gewalt, dieses Verbrechens ist schuldig, der sich dem Richter, einer vorgesetzten obrigkeitlichen Person, oder ihren Abgeordneten in Amtssachen, folglich auch derjenige, so sich einer Wache, oder einem Wächter in Vollziehung des obrigkeitlichen Befehls mit gewaltsamer Handanlegung widersetzet, auch wenn von der Widersetzung keine Verwundung erfolget ist §. 56. Ein solcher Verbrecher ist zum im ersten Grade zeitlichen, aber harten Gefängnisse zu verurtheilen. Wäre aber die Gewalt der Widersetzung groß, und mit Verletzung oder Verwundung verknüpft gewesen, so ist wider den Verbrecher im zweyten Grade zeitliches aber hartes Gefängniß zu verhängen §. 57.

Oeffentliche Gewalt, (siehe Kriminalverbrechen §. 40.

Oef-

Oeffentliche Kundmachung, des Verbrechens, (siehe Verschärfung §. 34.)

N.

Radelsführer bei Aufruhr, (siehe Aufruhr §. 53.

Raub, (siehe räuberische Angriffe §. 166. 167.)

Räuber, als solcher ist anzusehen, wer fremdes Vieh von dem Triebe, oder der Weide stiehlt §. 168. die Strafe dieses Raubes ist im zweyten Grade zeitliches, aber hartes Gefängniß, und öffentliche Arbeit §. 169.

Räuberischen Angriffes, dessen macht sich schuldig, wer um einen Diebstahl auszuüben allein, oder in Gesellschaft mit andern eindringt, an eine Person gewaltsame Hand leget, und sie entweder mit angebrohter, oder wirklicher Mißhandlung zur Entdeckung des Guts, worauf seine räuberische Absicht gerichtet ist, zwingt, und wenn der Diebstahl darauf erfolget, macht er sich des Raubes schuldig §. 165.

Räuberischen Angriff begehet jener, welcher auf offener Landstrasse einen Reisenden, oder sonst einen Wandelnden auf freien Wege anfällt, und ihm was er an Gut, und Vermögen bei sich führet, ganz oder zum Theil abzunehmen, oder der es wirklich abnimmt, obgleich die That mit keiner Handanlegung begleitet war. §. 166. Wird der räuberische Angriff, oder Raub mit einer Gewaltthätigkeit

keit begangen, wodurch die angegriffene Person verwundet worden, so ist die Strafe im
ersten Grade langwieriges hartes Gefängniß,
und wenn die That mit einer besondern Grausamkeit begangen worden, im ersten Grade
langwierige Anschmiedung. Ist aber der Raub
ohne solche Gewaltthätigkeit verübt worden,
so ist wider den Verbrecher zur Strafe anhaltendes hartes Gefängniß zu verhängen, und
zwar anhaltend im zweyten Grade; wann der
räuberische Angriff mit mörderischen Waffen,
oder in Gesellschaft mehrerer Räuber, oder
in einem einsam gelegenen, von Menschen
selten besuchten Hause begangen worden §. 167.

Raubmord, dessen macht sich schuldig, wer
einen Menschen in der Absicht überfällt, und
tödtet, um des Ermordeten eigenes Vermögen, oder fremdes Gut, so unter Besorgung,
und Verwahrung desselben stand, zu rauben.
Der Angriff geschehe wo immer, auf freyer
Strasse, in dem Hause, der Wohnung, oder
in dem augenblicklichen Aufenthalte des Getödteten §. 98. Die Strafe des Raubmor-
des ist schwerstes Gefängniß auf langwierige
Zeit im zweiten Grade; nur wenn aus der
Art des Mordes, eine besondere Grausamkeit
des Thäters hervorleuchtet, ist statt dem
schwersten Gefängnisse die Anschmiedung zu
verhängen. §. 99.

Raufhandel, (siehe Mord. §. 94. 95.)

Relegazion, (siehe Abschaffung.)

Rechtsfreunde, wenn sie sich des Trugs schuldig machen, (siehe Trug. §. 154.)

Rich-

Richter, welcher in eine peinliche Untersuchung verfällt, demselben ist die Ausübung seines Amtes während der Untersuchung verboten. n. 13. §. 433.

Richter, welcher sich durch Geschenke oder Verheißungen zum Mißbrauch des obrigkeitlichen Amtes verleiten läßt, (siehe Mißbrauch des obrigkeitlichen Amtes.)

Ruthenstreiche, (siehe Bestrafung mit Stockstreichen. §. 32.)

S.

Selbstmord ist, wenn jemand sich durch eine gewaltsame, und den Tod befördernde Handlung das Leben raubet, zu einer Zeit, da an ihm kein Merkmal einer Sinnenverrückung, oder einer schwereren Krankheit, die den Gebrauch der Vernunft hemmete, wahrzunehmen gewesen. Der Körper des Selbstmörders, wenn er entweder sogleich todt geblieben, oder ohne bezeigte Reue gestorben, ist durch den Schinder einzuscharren. Hat er zwischen der That, und dem erfolgten Tod Reue gezeiget, so ist dem Körper nur die ordentliche Grabstätte zu versagen, und er ohne alle Begleitung, und Gepräng einzugraben. §. 123. Ist der Selbstmord geschehen um sich der befürchteten Strafe eines begangenen Verbrechens zu entziehen, so soll der Name des Selbstmörders mit dem Inhalte seines Verbrechens, soweit es als gesetzmäßig erwiesen angesehen werden kann, an dem Galgen geschlagen, und allgemein

kund gemacht werden. §. 124. Ist der Selbstmord zwar versucht aber ohne Willen und
Mitwirkung des Thäters blos zufällig, oder
aus anderen was immer für Ursachen nicht
vollbracht worden, so ist der Verbrecher, er
mag sich eine Wunde beigebracht haben, oder
nicht, in das Gefängniß zu verschaffen, wo
er, indem ihm jede Handanlegung an sich
selbst unmöglich gemacht wird, auf unbestimm-
te Zeit so lange verbleibet, bis er durch Unterricht überwiesen, daß die Selbsterhaltung
gegen Gott, den Staat, und ihn selbst Pflicht
ist, eine vollkommene Reue zeigt, und Besserung erwarten läßt. §. 125.

Selbstvertheidigung, (siehe Mörder. §. 96. 97.)

Seuche, der hiebei begangene Diebstahl, dessen
Strafe (siehe Diebstahl. §. 160. 161. h.)

Schandbühne, (s. Ausstellung auf die Schandbühne. §. 33.)

Schriften, wer darinn den Landesfürsten an-
greift, begeht das Verbrechen der beleidigten
Majestät, (siehe beleidigte Majestät. §. 43.
44.)

Schwangerschaft, (siehe Abtreibung. §. 113.
Weglegung. 116.)

Schwerstes Gefängniß, (s. Gefängniß schwerstes. §. 27. Anschmiedung. §. 29. Gefängniß
hartes. §. 28.

Spion, dessen Strafe, (s. Ausspäher. §. 49.)

Spionen, (siehe Landesverräther. §. 48.)

Strafart soll ausser den im gegenwärtigen Gesetze bestimmten Kriminalstrafen in Zukunft
keine andere statt finden. §. 19.

Straf-

Strafgeſetz iſt ohne Rückſicht vorgeſchrieben, ob das Verbrechen vor, oder nach der Kundmachung dieſes Geſetzes begangen worden, und ob der Verbrecher über das vor dem neuen Geſetze begangene Verbrechen nach den vorigen Geſetzen wäre gelinder behandelt worden. 28. März 788. n. 798.

Strafe iſt nach dem gegenwärtigen Geſetze auszumeſſen, ohne auf diejenigen Geſetze zu ſehen, die etwann in dem Orte, wo das Verbrechen begangen worden, beſtehen mögen. n. 611. §. 11.

Strafe der Ausſpäher, (ſ. Ausſpäher. §. 49.)

Strafe der beleidigten Majeſtät, (ſiehe beleidigte Majeſtät. §. 42.)

Strafe der Deſerteursbeförderung, (ſiehe beförderte Entweichung aus dem Kriegsdienſte. §. 86. 87. 88.

Strafe der Münzfälſcher, (ſiehe Münzfälſcher. §. 73. der Theilnehmer. §. 75.

Strafe der Theilnehmung an dem Verbrechen des Misbrauchs der obrigkeitlichen Gewalt, (ſiehe Misbrauch des obrigkeitlichen Amtes. §. 62.)

Strafe der Landesverräther, (ſiehe Ausſpäher. §. 49.)

Strafe des Verbrechens des Misbrauchs des obrigkeitlichen Amtes, (ſiehe Misbrauch des obrigkeitlichen Amtes. §. 60.)

Strafe der Verfälſchung öffentl. Staatspapiere, (ſiehe Verfälſchung der Staatspapiere, §. 65. die Mitſchuldige. §. 66: 67.

D 2 Strang,

Strang, (ſiehe Todesſtrafe. §. 20.)

Strafurtheil kann, wenn ein Verbrecher durch Verbergung, Flucht, oder durch ſeinen Tod dem Arme der Kriminalgerichtsbarkeit entzogen worden, bei Verbrechen, die großes Aufſehen, und Aergerniß erwecken, oder bei welchen die Strafloſigkeit weitere nachtheilige Folgen beſorgen ließe, auch an den Abweſenden oder dem Todten auf folgende Art vollzogen werden. Der Name des Verbrechers, die begangene Miſſethat, und das hierauf erfolgte Kriminalurtheil werden in einer Anzeige an einen Galgen geſchlagen, und allgemein durch öffentliche Zeitungsblätter bekannt gemacht.

§. 17.

Strafurtheil politiſches, wenn bei der politiſchen Behörde, dem Kreisamte oder der Landesſtelle ein ſolches zur Beſtättigung vorgeleget wird, bei dem es aus den gepflogenen Unterſuchungsakten erachtet, der Fall ſey zur Kriminalverhandlung geeignet geweſen, kömmt es darauf an, ob der Kriminalrichter bereits eingeſchritten iſt, oder nicht. Iſt der Kriminalrichter noch gar nicht eingeſchritten, ſo kann das Kreisamt, oder die Landesſtelle die ſämmtlichen Akten der politiſchen Behörde, die das Strafurtheil geſchöpfet hat, mit dem Befehle zurückſchlieſſen, die Sache an den Kriminalrichter gelangen zu laſſen, damit entweder, wenn er die That zur Kriminalverhandlung geeignet findet, mit der geſetzmäßigen Aburtheilung fürgehe, oder bei einem vorkommenden Bedenken die Belehrung von dem Kriminalobergerichte einhole. Iſt aber

der

der Kriminalrichter bereits dabei eingeschrit-
ten, und hat die Sache zum Kriminalverfahren nicht geeignet gefunden, so soll das Kreisamt oder die Landesstelle, wenn sie hieran
nicht wohl geschehen zu seyn erachtete, die
Sache unmittelbar an das Kriminaloberge-
richt gelangen zu lassen, damit dieses entweder
die Bestättigung ertheile, daß die Sache wirklich zum Kriminal nicht gehöre, oder bei
entdecktem Fehler des Kriminalgerichts die
Akten demselben mit dem Auftrage zu seiner
pflichtmässigen Amtshandlung übergebe. 6ten
Nov. 788. n. 916.

Staat und den Landesfürsten betreffende Verbrechen, (siehe Kriminalverbrechen. §. 40.)

Staatsgeheimnisse, deren Entdeckung, (s. Landesverrath. §. 43. 44. Landesverräther. §. 48.)

Staatspapiere, deren Verfälschung, (s. Verfälschung der Staatspapiere. §. 63. 64. 65.
66. 67.)

Staatspapiere, deren Verfälschung, (s. Kriminalverbrechen. §. 40.)

Standrechtliche Fälle, (s. Todesstrafe. §. 20.)

Standrechtliches Verfahren greift bei Aufruhr Platz, (siehe Aufruhr. §. 53.)

Stelionatus crimen, (siehe Trug. §. 149.)

Stempel, der einen verfertiget, oder zu Verfertigung mitwirkt, oder mit einem unächten
Stempel eine Stemplung vornimmt, oder
wissentlich unächtes Stempelpapier verkauft,
ist nach den Kriminalgesetzen zu behandeln.
n. 301. §. 38.

Stockstreiche, (s. Bestrafung mit Stock. §. 32.)

Theil-

T.

Theilnehmung an dem Diebstahl, (s. Diebstahl. §. 163. 164.)

Theilnehmer an den Verbrechen des Landesverraths, als solche sollen diejenigen behandelt werden, welche von dem Vorhaben des
Landesverraths einiges Kenntniß gehabt, und
der Obrigkeit nicht sogleich die Anzeige gemacht haben. §. 47.

Theilnehmer an den Verbrechen des Landesverraths, wie sie zu bestrafen, (siehe Landesverrath. §. 45. 46.)

Theilnehmer an dem Misbrauch des obrigkeitlichen Amtes, (siehe Misbrauch des obrigkeitlichen Amtes. §. 59. 60. 61. 62.

Theilnehmer der Münzfälschung, (siehe Münzfälscher. §. 74. 75.)

Theilnehmer, (siehe Mitschuldige.)

Todesstrafe soll ausser den Verbrechen, bei welchen nach dem Gesetze mit Standrechte verfahren werden muß, nicht statt finden. In
den standrechtlichen Fällen aber ist der Strang
zur alleinigen Todesstrafe bestimmet. Der
zum Strang verurtheilte Verbrecher wird ge-
hangen, erdrosselt, und ihm die ordentliche
Begrabung versaget, des Verbrechers Körper, nachdeme er dem Volke zum Beispiele
zwölf Stunden hangen geblieben, ist ohne
Gepränge, oder Begleitung, wo es seyn kann,
neben dem Richtplatz einzuscharren. §. 20.

Todesstrafe hat bei Aufruhr statt, (siehe Aufruhr. §. 53.)

Tod

Tod des Kriminalverbrechers, (siehe Vermögen des Kriminalverbrechers. §. 37.)

Tod des Verbrechers, (siehe Strafurtheil. §. 17.)

Tod des Thäters, (siehe Verbrechen und Strafbarkeit. §. 179.)

Trug im Allgemeinen, dessen macht sich schuldig, der durch was immer für Ränke, und List fremdes Eigenthum an sich zu ziehen, oder jemanden aus böser Absicht an Vermögen, Ehre, Freiheit, oder seinen Rechten zu schaden sucht, ohne Rücksicht auf die Mittel, deren sich der Betrüger bedienet, und ohne darauf zu sehen, ob er seine Absicht wirklich erreichet habe, oder nicht. §. 149.

Trug, dessen macht sich insbesondere schuldig, a) der Urkunden erfindet, mit, oder ohne Nachahmung fremder Hand die Unterschriften der Partheien ohne ihr Wissen entweder selbst beisetzet, oder durch andere beisetzen läßt, oder der bei schon verfertigten ächten Urkunden ohne Vorwissen, und Einwilligung der Theilnehmenden, und zu ihrem Nachtheile an dem Inhalte Aenderungen macht, da er z. B. ganz neue Verbindlichkeiten zusetzt, oder die bestehenden vergrößert, festgesetzte Verbindlichkeiten ganz auslischt, oder dieselben vermindert, der also in was immer für einer Art unächte Urkunden als ächte geltend zu machen sucht, oder den Sinn, und Inhalt ächter Urkunden fälschet. §. 150. b) Diejenige, welche in eigener oder fremder Sache falsches Zeugniß vor Gericht ablegen, oder jemanden zu Ablegung eines falschen Zeugnisses bereden:

den: die Beredung mag zu eigenem, oder
eines Dritten Vortheil gereichen, die Zeu-
genschaft mag mit Eid, oder ohne selben geschehen, der gesuchte Endzweck mag erreichet
seyn, oder nicht. §. 151. c) Diejenigen,
welche falsche Namen, Würden, Karakter,
und Stand annehmen, landesfürstliche oder
obrigkeitliche Aufträge lügen, sich für Eigenthümer eines fremden Vermögens ausgeben,
und sonst unter erborgtem Scheine sich un-
rechtmässigen Gewinn zueignen, jemanden an
Vermögen, Ehre, Freiheit, oder den ihm
zustehenden Rechten Schaden zufügen, oder
jemanden zu Handlungen verleiten, zu denen
er, ohne den ihm mitgespielten Betrug, sich
nicht würde verstanden haben. §. 152. d)
Diejenigen, die den minder aufgeklärten Geist
irgend eines Menschen, seine ungeläuterte Re-
ligionsbegriffe, oder Vorurthele misbrauchen,
um ihn zu gesatzwidrigen, oder solchen Handlungen zu verleiten, die ihm selbst oder anderen zum Nachtheile gereichen. §. 153. e)
Die Rechtsfreunde, und Sachwalter, wenn
sie zum Schaden der Parthei, die sich ihrer
Vertheidigung anvertraut, dem Gegentheile
Geheimnisse verrathen, welche ihnen in der
Rechtssache, die sie zu vertreten übernom-
men, bekannt geworden, oder wenn sie dem
Gegentheile in Verfassung der Rechtsschriften
behilflich sind, oder sonst mit Rath, und
That wider ihre eigene Parthei an die Hand
geben.

Trug. Da die in den §. 150. 151 152. 153.
154. ausgedrückten besondern Fälle des Tru-
ges die Gattung dieses Verbrechens nicht er-
schöpfen,

schöpfen, und die Wege der Betrügerei eben
so mannigfältig in der Art, als verschieden
in den Graden der Bosheit seyn können, so
ist nicht wohl möglich, auf dieses Verbrechen, dessen mehrere, oder mindere Strafbarkeit von den begleitenden Umständen abhängt,
eine bestimmte Strafe festzusetzen. Insgemein soll dasselbe durch anhaltendes oder zeitliches, durch hartes oder gelinderes Gefängniß, und öffentliche Arbeit bestraft werden,
wobei dem Betrogenen, und Beschädigten
das Recht auf Genugthuung, und vollkommene Entschädigung vorbehalten bleibt. Aber
nach Umständen kann auch jede andere strengere Strafe gegen dieses Verbrechen verhängt
werden. Zu verschärfen ist die Strafe, wenn
aus dem Betruge jemand einen wirklichen
beträchtlichen Schaden, oder den Verlust eines rechtmässigen Vortheils gelitten hat;
wenn die gebrauchte List von solcher Art war,
daß sich dagegen vorzusehen, oder sie zu ver-
hindern, nicht wohl möglich gewesen; wenn
der Thäter seine Betrügereien öfters wiederholt hat, oder dieses Verbrechens wegen
bereits gestraft worden; wenn der Betrüger
wegen des näheren Verhältnisses, worinn er
mit dem Betrogenen stand, auch das in ihn
gesetzte billige Zutrauen gemisbraucht hat;
wenn der Betrüger eine wesentliche ihm bekannte Pflicht des Amtes, worüber er dem
Landesfürsten, oder seinem Dienstesherrn den
Eid geschworen hat, verletzet; wenn das falsche Zeugniß mit einem Eide begleitet worden. §. 155.

Tu-

Tumult, (siehe Aufruhr §. 50. Theilnehmer §. 51. Mord §. 94. 95. Kriminalverbrechen. §. 40.)

U.

Uebereitung, (siehe Mord. §. 94. 95.)

Unterthanen, die sich zusammenrotten, (siehe Aufruhr §. 50. Theilnehmer §. 51.)

Urkundenverfälschung, (siehe Trug §. 150.)

Urtheil, in solchem ist die Dauer der Strafzeit jedesmal auszudrücken. §. 23.

Urtheil, (siehe Kriminalurtheil. §. 38.)

V.

Vaterland, wer gegen dasselbe undankbar, (s. Landesverrath.)

Verbergung des Verbrechens, (siehe Strafurtheil. §. 16.)

Verbindung mit Feinden, (siehe Landesverrath §. 43. 44.)

Verbrechen ist stets aus der Bosheit des Thäters zu entnehmen, nicht aus der Beschaffenheit und den Umständen desjenigen, an dem es verübt wird. Also werden Verbrecher auch an Uebelthätern, an Unsinnigen, an Kindern, an Schlaffenden, sogar an denjenigen begangen, die ihren Schaden, und Untergang selbst verlangen. §. 6.

Ver-

Verbrechen und Strafbarkeit erlischt durch den Tod des Thäters, derselbe mag vor oder nach seiner Einziehung, vor oder nach eingeleiteter Untersuchung, vor oder nach geschöpftem Urtheile gestorben seyn. §. 178. Bei Verbrechen jedoch, die unter dem Volke größere Aufmerksamkeit, und weiter verbreitetes Aergerniß erreget haben, oder wofern vor dem Tode des Verbrechers das Urtheil auf eine langwierige Strafe geschöpfet worden, soll mit dem Verstorbenen nach Vorschrift des §. 17. vorgegangen werden. §. 179. s. Strafurt. §. 17

Verbrechen und Strafbarkeit erlischt weiter, wenn der Landesfürst, oder eine zur Begnadigung berechtigte untergeordnete Obrigkeit nach den genauesten Schranken der ihr eingeräumten Gewalt, die verhängte Strafe ganz, oder zum Theile nachgesehen hat. Wann nur ein Theil der Strafe nachgesehen worden, ist das Verbrechen erst dann für getilget, und erloschen anzusehen, wann der nicht nachgesehene Theil der Strafe vollstrecket ist. §. 180. Wer von der rechtmässigen Kriminalbehörde nach gepflogener rechtlichen Untersuchung von dem ihm zur Last gelegten Verbrechen losgesprochen worden, und im Urtheile erkläret wird, daß seine Unschuld für erwiesen erkennet werde, kann des nämlichen Verbrechens wegen nicht nochmal in Untersuchung gezogen werden. Ist die Lossprechung nur aus Abgang rechtlicher Ueberweisung erfolget, eigentlich also die Untersuchung aus Abgang der Beweise aufgehoben worden, so findet eine abermalige Untersuchung statt, sobald neue Beweise hervorkommen, ren, von denen dem Richter bei Schöpfung des ersten Urtheils nichts bekannt gewesen ist. §. 181.

Verbrechen, solches ist für getilget anzusehen, wann der Verbrecher die ihm zuerkannte Strafe ausgestanden hat. §. 182.

Verbrechen und Strafbarkeit, gegen solches soll künftig keine Verjährung statt finden: und ist der Verbrecher nach dem Gesetze zu behandeln, was immer für eine Zwischenzeit von dem begangenen Verbrechen bis zur Entdeckung desselben verflossen seyn mag. §. 183.

Verbrechen und Strafen, der 160. §. ist allerdings so zu nehmen, daß jeder der in diesem §. angezeigten Umständen für sich allein zur Verschärfung der Strafe geeignet sey, und zwar jeder einzelne Umstand der in a. b. c. f. g. h. i. und e. angezeigten, zur Verschärfung auf die im ersten Grade anhaltende Strafe; jeder einzelne Umstand der in d. e. k. l. und in angezeigter zur Verschärfung auf die im zweiten Grade zeitliche Strafe. 5ten Sept. 788. n. 884.

Verbrechen, (siehe Kriminalverbrechen.)

Verbrecher, dessen Verhelung, (siehe Verhelung der Verbrecher. §. 82. 83. 84. 85.)

Verbrecher, (siehe Kriminalverbrecher.)

Verfälscher der Münzen, (siehe Münzverfälscher.)

Verfälschung der Staatspapiere, (siehe Kriminalverbrechen. §. 40.)

Verfälschung der Urkunden, (siehe Trug. §. 150.)

Ver-

Verfälſchung der Staatspapiere. Deſſen iſt
derjenige ſchuldig, wer öffentliche Staatspapiere, die entweder für ſich als Münze gel-
ten, oder worauf öffentliche Kaſſen Zahlun-
gen zu leiſten haben, nachzumachen unternimmt, das Vorhaben mag zu Stand kommen, oder nicht, es mag hieraus die Beſchädigung einer Kaſſe, oder eines Dritten
erfolgen, oder nicht, das gefälſchte Staats-
papier mag eine öffentliche inländiſche, oder
die Kaſſe eines fremden Staats betreffen. §.
63. Dieſes Verbrechens iſt auch derjenige
ſchuldig, der in ſich ächte öffentliche Staatspapiere durch Abänderung in eine höhere
Summe, als für welche ſie urſprünglich ausgeſtellt geweſen, verfälſcht, es mag die Verfälſchung leicht oder ſchwer zu erkennen, aus
der Abänderung eine wirkliche Beſchädigung
erfolget ſeyn, oder nicht. §. 64.

Verfälſchung der Staatspapiere. Auf dieſes
Verbrechen iſt in dem Falle des §. 63. im
zweiten Grade langwieriges, in dem Falle
des §. 64. aber im zweiten Grade anhaltendes hartes Gefängniß, oder Gefängniß mit
harter öffentlicher Arbeit feſtgeſetzet. In
Fällen, wo wichtigere und beſonders bedenk-
liche Umſtände ſich vereinigen, iſt die Strafe
durch Ausſtellung auf der Schandbühne, und
öffentliche Züchtigung mit Streichen zu verſchärfen.

Verfälſchung der Staatspapiere. Die Mit-
ſchuldigen an dieſem Verbrechen ſind, welche
die bei Staatspapieren gewöhnlichen Unter-
ſchriften nachahmen, Wappen nachſtechen,
Pa-

Papiere, Stempel, Matrizen, Buchstaben, Preßen, oder was immer sonst zur Verfälschung der Staatspapiere dienen kann, verfertigen, und den Verfälschern zum Vorschub der Verfälschung wissentlich überliefern, oder auf was immer Art zur Verfälschung der Staatspapiere mitgewirket haben. Die Strafe der Mitwirkung ist eben diejenige, welche im §. 65. bestimmt worden. §. 66. 67.

Verhelung, der Verbrecher macht sich schuldig, wer einen sichtbar Gebrandmarkten, einen aus dem Gefängnisse, oder Strafe Entflohenen, oder sonst einen ihm als Kriminalverbrecher Bekannten wissentlich in seiner Wohnung verbirgt, oder einem solchen auch nur einen zeitlichen, obschon nicht geheimen Aufenthalt giebt, wenn er gleich dadurch zur Fortsetzung des Verbrechens nichts beiträgt, folglich eine mehrere Theilnehmung an dem Verbrechen nicht zur Last liegt. §. 81.

Verhelung, der Verbrecher macht sich schuldig, der den Gegenstand eines Verbrechens, z. B. den Körper eines Ermordeten, gestohlenes Gut, u. d. gl., oder wer einige zur Ausübung eines Verbrechens eigens dienende Werkzeuge entweder bei sich, oder einem anderen Orte verborgen hält. §. 82.

Verhelung, der Verbrecher macht sich schuldig, der bei einem ihm bekannten Verbrecher durch Verkleidung, Unkennbarmachung, oder sonst in einem Wege beiträgt, daß derselbe vor der Obrigkeit unentdeckt, und verborgen bleibt. Die Strafe der Verhelung der Verbrecher ist, nachdem der verhelte Verbrecher gefähr-

li-

licher und gemeinschädlicher ist, zeitliches,
oder anhaltendes, gelinderes oder härteres
Gefängniß, und öffentliche Arbeit. Jedoch
ist derjenige, der seinen Verwandten in auf-
oder absteigender Linie, seine ein- oder zwei-
bändigen Geschwister, die Ehegenossen derselben, oder seinen eigenen Ehegenossen, oder
seines Ehegenossen ein- oder zweibändige
Geschwister verhelt, sollte ihm auch der Verhelte wirklich als ein Verbrecher bekannt
seyn, nach dem Grade, als er dem Verhel-
ten näher angehöret, mit minderer Strenge
zu behandeln; unter dem ausdrücklichen Be-
dingnisse aber, daß der Verheler in jedem
Falle zur Ausübung oder Fortsetzung des Verbrechens von seiner Seite nicht das Gering-
ste beigetragen habe. §. 83. 84. 85.

Verhelung der Verbrechen, (siehe Kriminalverbrechen. §. 40.)

Verjährung der Verbrechen, (siehe Verbrechen
und Strafbarkeit. §. 183.)

Verläumdung, derselben als eines Kriminalverbrechens macht sich schuldig, wer von jemanden in der sträflichen Absicht ihm Schaden zuzufügen, Vortheile, die dieser erwarten konnte, abzuwenden, ihm in seinem Rechte Eintrag zu thun, oder ihm sonst Unrecht
zuzufügen, ein Verbrechen, oder eine gesetz-
widrige Handlung angiebt, von deren Gewiß-
heit er nicht überzeugt ist, ausgenommen der
Thäter stellte sich vor der rechtmäßigen Obrigkeit als Ankläger gegen denjenigen, wider
welchen die Angabe gerichtet ist. §. 127.

Verf

Verláumdung, deſſen macht ſich ſchuldig derje‐
nige, der, wenn er ſich auch vor der recht‐
máßigen Obrigkeit ſtellet, und jemanden ei‐
nes Verbrechens, oder einer geſeßwidrigen
Handlung angeklaget hat, weder die Wahr‐
heit ſeiner Anklage beweiſen, noch einen hin‐
lánglichen Grund, warum er dieſelbe unter‐
nommen, anführen kann. War die Verláum‐
dung für den Verláumdeten ohne Folge und
Nachtheil, ſo iſt die Strafe im erſten Grade
zeitlich gelinderes Gefángniß, und öffentliche
Arbeit, ſo mit Streichen verſchárft werden
kann; Wofern aber dem Verláumdeten da‐
durch Schaden zugefügt, oder die Verláum‐
dung aus boshafter Abſicht vollzogen wor‐
den, ſo iſt die Strafe der Verláumdung im
erſten Grade zeitliches hartes Gefángniß und
öffentliche Arbeit nebſt öffentlicher Bekannt‐
machung des Verbrechers. Die Bekanntma‐
chung muß aber mit Vorſicht eingeleitet wer‐
den, damit die Verláumdung zum größeren
Nachtheile desjenigen ſelbſt, den ſie betroffen
hat, nicht dadurch mehr verbreitet, oder ein
Andenken erneuert werde. Die Strafe iſt zu
verlángern, oder zu verſchárfen, nachdem
größere Bosheit mit unterláuft, der dadurch
zugefügte Schaden betráchtlicher, oder das
Band der Verwandſchaft, und die Pflicht der
Ehrfurcht nach dem §. 98. ſtárker dadurch
verleßet worden. Dem Verláumdeten bleibt
dabei das Recht der Genugthuung, und voll‐
kommenen Entſchádigung beſtándig vorbehal‐
ten. §. 127. 128. 129.

Verluſt des Adels, (ſ. Verſchárfung. §. 34.)

Vermögen des Kriminalverbrechers, von dem Fruchtgenuße desselben wird jeder Kriminalverbrecher vom Tage des ergangenen Urtheils, das ihn schuldig erkennt, verlustiget. Von diesem Fruchtgenuße ist seinem Weibe, und seinen Kindern der standesmäßige Unterhalt gerichtlich zu bestimmen, und abzuführen, der Ueberrest aber hat, so lange die Strafzeit dauert, dem Kriminalfond zuzufließen, und ist lediglich zur Unterhaltung der Arrestanten, und Erhaltung der Frohnfesten zu verwenden. §. 36.

Vermögen des Kriminalverbrechens, frei eigenes, fällt, wenn der Verurtheilte während der Strafzeit stirbt, denjenigen zu, denen die Erbschaft nach der gesetzlichen Erbfolge gebühret, ungeachtet eine letztwillige Anordnung vorhanden, und diese zu was immer für einer Zeit wäre errichtet worden. Der Verurtheilte aber, der seine Strafzeit geendiget, tritt in alle Rechte des Eigenthums zurück. §. 37.

Vermögen, dessen Einziehung, (siehe Verschärfung. §. 34.)

Verrätherei, (siehe Landesverrath. §. 43. 44.)

Vestungsbau. Dahin sind die Verbrecher nicht mehr abzugeben. 1ten Sept. 783. n. 182.

Verschärfung der Kriminalstrafen, hierunter gehöret a) die öffentliche Kundmachung des Verbrechens, b) die Einziehung des Vermögens, c) der Verlust des Adels. Beide ersteren Verschärfungen können von dem Kriminalrichter nicht verhänget werden, wo sie bei einem Verbrechen nicht ausdrücklich im gegenwärtigen Gesetze bestimmt sind. §. 34.

Verschärfung der Strafe, (siehe Brandmarkung. §. 39.)

Versperrtes Gut. Die Strafe des an denselben begangenen Diebstahls (siehe Diebstahl
§. 160. 161. d.)

Verstümlung, was in den 121. und 122. §.
hierüber geordnet wird, hat seine Anwendung
auch auf die Selbstverstümlung; und wenn
diese zugleich in der Absicht unternommen
wird, um sich dem Kriegsdienste zu entziehen, so ist nebst der Kriminalstrafe auch das-
jenige zu beobachten, was hierwegen insbesondere die politischen Verordnungen vermögen. 9. Mai 1788. n. 825.

Verstümlung, (siehe Kriminalverbrechen §. 121
122.)

Versuch eines Verbrechens, wenn solchen nicht
die in §. 9. ausgedrückten Umstände begleiten, kann von einer Anschuldung, und also
auch von einer Bestrafung keine Rede seyn,
wo aber diese Umstände eintreten, wird dem
Verbrecher das versuchte Verbrechen angeschuldet, und also giebt zu seiner Bestrafung
die auf das betreffende Verbrechen angesetzte
Strafart die Richtschnur 25. Mai 1787. b.

Versuch des Verbrechens, (siehe Kriminalverbrechen n. 611. §. 8.)

Verurtheilter, in wie weit seine letztwillige Anordnung gilt, (siehe letztwillige Anordnung
n. 683.)

Verwundung und dessen Strafe, (siehe Krim-
nalverbrechen §. 119. 120.)

Viehdieb, (siehe Räuber §. 169.)

Was

W.

Waldung, der in dem eingezäumten begangene Diebstahl, (s. Diebstahl §. 160. 161. d.)

Weglegung gefährliche eines Kindes, dessen macht sich schuldig, wer ein lebendiges Kind in einem Alter, das sich zu seines Lebensrettung selbst Hilfe zu schaffen unvermögend ist, wegleget, um dasselbe der Gefahr des Todes Preis zu geben, oder auch nur seine Rettung dem Zufalle zu überlassen, was immer für eine Absicht ihn zu dem Verbrechen bewogen habe, ohne Unterschied, ob der Tod des weggelegten Kindes erfolget ist, oder nicht. a) Ist die Weglegung an einem einsamen von gewöhnlichem Besuche der Menschen entlegenen Orte geschehen, oder war das abgelegte Kind so verhüllet, daß es nicht wohl von den Vorübergehenden erblicket werden konnte, oder daß dadurch sein Wimmern zu vernehmen, wo nicht gehindert, wenigstens erschweret ward. b) Hat die Weglegung jemand unternommen, dem die natürlichen, oder bürgerlichen Gesetze die Sorgfalt für die Erhaltung des weggelegten Kindes zur Pflicht machten. c) Ist der Tod des weggelegten Kindes, bevor es gefunden worden, erfolgt, und zwar durch die Weglegung veranlaßet worden, so ist die Strafe in den beiden ersteren Fällen der erste Grad, in dem letzten Falle aber der zweite Grad anhaltenden harten Gefängnisses, das noch nach dem Grade der dabei untergelaufenen Bosheit zu verschärfen ist. Geschah aber die Weglegung an ei-

E 2   nem

nem gewöhnlich besuchten Orte, auf eine
Art, daß die balbige Wahrnehmung des Kin-
des nothwendig war, oder sich wenigstens
mit allem Grunde erwarten ließ, dann ist die
Strafe im ersten Grade zeitliches gelinderes
Gefängniß, und öffentl. Arbeit §. 116.117.118.

Weib des Verbrechens, (siehe Kriminalstrafe n. 611. §. 16.)

Werber falsche, und deren Strafe, (s. Men-
schentaub §. 136. 137.)

Widersezung, (s. öffentliche Gewalt §. 56.57.)

3.

Zeitliche Strafe, (s. Grad der Strafen §. 23.)

Zeugniß falsches, (siehe Trug §. 151.)

Zusammenrottung, als Theilnehmer an diesen
Verbrechen sollen auch diejenigen behandelt
werden, welche sich in eine Zusammrottung,
von der sie die Absicht der Widersetzung
wußten, miteinziehen lassen, und dabei be-
harren, wenn sie gleich weder des Vorsatzes
ihrer eigenen Mitwirkung, noch einer wirklich
verübten That überwiesen werden könnten §.52.

Zusammenrottung, (siehe Aufruhr §. 50. Theilnehmer §. 51. Landesverrath §. 43. 44.)

Zusammenschwörung, (s. Landesver. §. 43. 44.)

Zweifache Ehe, dieses Verbrechens macht sich
schuldig, wer durch das Band giltiger Ehe
gebunden, mit einer andern Person, sie sei
ledig, oder verheurathet, eine zweite Ehe
schließt §. 75. Hat jener Theil, mit welchem
der Verbrecher die zweite Ehe schließt, von

dem

dem Bande der ersten Ehe gewußt, so ist des Verbrechers Strafe im zweiten Grade zeitliches hartes Gefängniß, oder öffentliche Arbeit; des Theilnehmers Strafe ist im ersten Grade zeitliches gelinderes Gefängniß, oder öffentliche Arbeit §. 176. War dagegen dem Theile, mit welchem die zweite Ehe geschlossen worden, das Band der ersten Ehe verborgen, so ist der Verbrecher mit der dem Betruge in §. 155. ausgemessenen Strafe zu belegen, dem unschuldigen Theile aber bleibt das Recht der vollkommenen Entschädigung vorbehalten §. 177.

Zweikampf, dessen ist schuldig, der jemanden zum Streite mit tödtlichen Waffen ausfodert, was immer für eine Ursache die Ausfoderung veranlasset habe. Denn das Ansehen der öffentlichen Gesetze und Rechtsverwaltung, welche jeden Beleidigten, sein Vermögen, und seine Ehre gegen jeden Beleidiger in Schutz nehmen, und vertheidigen, die Aufrechthaltung der gemeinen Ordnung, Ruhe, und Sicherheit gestatten nicht, daß sich ein einzelner Bürger mit gewaffneter Hand selbst Recht schaffe, und sein, und das Leben seines Gegentheils, und Mitbürgers auf die Spitze setze. Dieses Verbrechen wird sowohl von Seite des Ausfoderers als des Ausgefoderten, für vollbracht angesehen, sobald sie sich zum Streite mit tödtlichen Waffen gestellet haben, es mag der Tod, oder auch nur eine Verwundung, allenfalls auch keines von beiden erfolget seyn. Ist der Tod eines Theils der Zweikämpfer erfolget, so ist der Uiberlebende, wenn er der Ausfoderer gewesen,

wie

wie jeder andere gemeine Mörder anzusehen.
Ist aber der Uiberlebende der Ausgefoderte
gewesen, so ist er mit im ersten Grade an,
haltendem harten Gefängniße, und öffentli,
cher Arbeit zu bestrafen. Der Wittwe, und
den Kindern des Getödteten, er mag der aus,
fodernde, oder ausgefoderte Theil gewesen
seyn, ist gegen den Uiberlebenden das Recht
der vollkommenen Entschädigung vorbehalten.
Ist in dem Zweikampfe keiner der Streiten,
den geblieben, so ist der Ausfoderer mit im
ersten Grade zeitlichem, aber hartem Gefäng,
nisse, und öffentlicher Arbeit, der Ausgefo,
derte mit im ersten Grade zeitlichem, aber
gelinderem Gefängnisse zu belegen §. 105. 106.
107. 108. 109.

Zweikampf, die Mitschuldigen an diesem Ver,
brechen sind a) die sich zu dem Zweikampf
als Beistände, oder sogenannte Sekundanten,
für einen der Streitenden gestellet; b) Die
zur Ausfoderung, oder zur Annehmung der,
selben auf was immer Art beigetragen, auch
schon die, welche Verachtung demjenigen ge,
drohet, oder gezeiget haben, der dem Gesetze
getreu, die Ausfoderung abzuleiten gesucht
hat. Die Strafe der Mitschuld am Zwei,
kampfe ist im ersten Grade zeitliches gelin,
deres Gefängniß, doch ist dasselbe gegen die
Beistände auf längere Zeit auszumessen §.
110. 111.

Zorn, (siehe Mord §. 94. 95.)

Zusammenkünfte, in den Häusern (siehe Auf,
ruhr und Tumult §. 51.)

Strafen

über

politische Verbrechen.

Abfall, von dem chriſtlichen Glauben. Der einen chriſtlichen Religionsverwandten durch falſchen Unterricht, oder Ränke hiezu beſtimmet, und ihn zur Verläugnung aller Religion, oder zur Annahme einer, die das Evangelium läugnet zu verleiten ſich anmaſſet, begeht ein politiſches Verbrechen §. 64. Eben iſt derjenige ein politiſcher Verbrecher, welcher einer der herrſchenden Religion zugethanen Gemeinde offenbare Irrlehre, oder Unglauben einzuflöſſen, und ſie von der herrſchenden Religion abzuwenden ſich beſtrebt §. 65. Im erſteren Falle ſoll ein ſolcher Verbrecher auf der Schandbühne ausgeſtellt; und mit zeitlichem ſtrengeren Gefängniſſe beleget werden. Im zweiten Falle iſt zur Strafe anhaltendes ſtrengeres Gefängniß beſtimmet §. 66.

Abſchaffung aus einem beſtimmten Lande, ſolche kann ſich nur auf einem einzigen Orte erſtrecken, und die Freyheit des Verurtheilten ſich an jedem andern Orte ſeine Nahrung zu ſuchen nicht beſchränken. Der Verurtheilte kann aus ſeinem Geburtsorte, oder dem Orte, wo er ſich zehn Jahre aufgehalten hat, außer den Fällen der §. 71. und 73. beſtimmten Verbrechen niemals abgeſchaffet werden §. 18.

Adel, (ſiehe Hausarreſt.)

Ab

Allmosen begehren, (siehe Muthwillen §. 60.)

Amt öffentliches, der solches begleitet, wann er mit Hausarrest zu bestrafen, (siehe Hausarrest §. 15.)

Anschuldung, eines politischen Verbrechers fließt aus der mit freien Willen begangenen That: wenn daher eine sonst zum politischen Verbrechen geeignete Handlung unter den in §. 5. des Strafgesetzes angezeigten Umständen begangen worden, kann sie dem Thäter als ein politisches Verbrechen nicht angeschuldet werden §. 2.

Anschuldung eines politischen Verbrechens trift nicht blos den Thäter, und jeden der zu der That mit seinem Willen mitgewirket hat, sondern auch jeden, der wissentlich die That veranlasset, oder aus derselben Vortheil gezogen hat §. 3. (siehe Versehen.)

Anschuldung eines politischen Verbrechens geschieht nach den Gesetzen desjenigen Orts, wo die That begangen worden. Ein in einem fremden Lande begangenes politisches Verbrechen wird nach dem gegenwärtigen Gesetze an einem erbländischen Unterthan nur damals bestraft, wann dieser sich zu Verübung desselben in das fremde Land begeben hätte. In einem solchen Falle ist die That so zu behandeln, als wäre sie in dem Orte begangen worden., auf welchen sie wirket §. 5.

Apotheke, (siehe Giftwaare §. 20. 21.)

Arbeit öffentliche, (siehe Zuchthäuser §. 850.)

Arreste sind strengere und gelindere. In dem strengeren Arreste werden dem Verurtheilten

a2

a) Eiſen an die Füſſe geſchlagen, b) bloß Bretter zur Liegerſtatt angewieſen, c) keine Beſuche als im Beyſeyn einer obrigkeitlichen Perſon geſtattet, d) ihm wird kein anderes Getränk als Waſſer zugelaſſen, e) und ange= meſſene Arbeit zugewieſen §. 13.

Arreſt, deſſen Verſchärfung kann durch Faſten ge= ſchehen, daß nämlich den Verurtheilten wäh= rend der Arreſtzeit keine andere Nahrung als Waſſer und Brod zugelaſſen wird §. 16.

Arreſt gelinderer, in demſelben wird der Verur= theilte mit Anſchlagung der Eiſen verſchonet, und wenn er ſich ſeine Nahrung aus eigenen Mitteln, oder aus freiwilliger, nicht durch Betteln erzwungenen Unterſtützung ſeiner Ver= wandten oder Freunde zu verſchaffen vermag, wird ihm auch ſeine Beſchäftigung ſelbſt über= laſſen. Doch bleiben auch dieſem alles Bett= gewand, und Strohſäcke, wenn ſie gleich aus Eigenem beigeſchaffet werden wollten, verbo= ten §. 13.

Arreſt gelinder, (ſiehe Hausarreſt.)

Arreſtſtrafe, oder öffentliche Arbeit, die Dauer derſelben iſt zeitlich, oder anhaltend. Die zeit= liche kann von einem Tage bis auf ein Mo= nat verhänget werden, die anhaltende nie un= ter einem Monate, und nie über ein Jahr. Die eigentliche Dauer iſt in dem Strafurthei= le klar auszudrücken. Bei Verurtheilten, de= nen ein Amt obliegt, oder bei denen die län= gere Dauer der Strafe ihrem, und der ihrigen Nahrungsſtande ſchädlich werden könnte, iſt die verdiente Strenge der Strafe mehr in der Verſchärfung, als in der Dauer zu ſetzen. §. 17.

Arzney, (siehe Giftwaren §. 20. 21.)

Attestat, falsches, welches dem Dienstbothen ge=
geben wird (siehe Dienstbothen §. 51. 52.)

Aufsicht, wer hiebei seine Pflicht versäumet (sie=
he Kinder §. 22. 23. 24.)

Ausstellung auf der Schandbühne, bei solcher
wird der Verurtheilte in Eisen geschlossen, in
einem Orte, der eine Menge Volks zu fassen
fähig ist, auf einem erhöhten Gerüste mit
entblößtem Haupte, bewachet, um Mittagszeit
durch eine Stunde der öffentlichen Schau aus=
gestellt, und in einer vor der Brust hangenden
Tafel mit einigen Worten das begangene Ver=
brechen angezeiget. Das Strafurtheil kann
diese Ausstellung auf der Schandbühne ent=
weder nur für ein einzigesmal, oder zum zwei=
ten und drittenmal verhängen. §. 12.

Ausgelassenheit auf der Gasse (siehe Muthwil=
le §. 60.)

B.

Bäume ausreissen, (siehe Muthwille. §. 60.)

Baumfrüchte, (siehe Diebstahl. §. 30.)

Beamter, (siehe Vollmacht. §. 26.)

Begiessen, (siehe Muthwille. §. 60.)

Beschädigung auf der Straße, (siehe Muth=
wille. §. 60.)

Betrüger, welche sich in die Geschäfte eines
Dritten einmengen, und ihn durch ersonnene
Vorspieglungen zu muthwilligen Streitigkeiten
und Beschwerführungen verleiten und veran=
lassen,

laſſen, ſind unter die politiſche Verbrecher zu
zählen. §. 32. Die Strafe dieſes Verbrechens
iſt zeitliches gelinderes Gefängniß: wenn aber
der Thäter mit dieſer Art Betrugs Gewerb
getrieben hat; wenn dabey beträchtliche Gelder-
preſſungen untergelaufen; wenn Unterthanen gegen ihre Obrigkeiten aufgehetzet worden ſind;
wenn ſich in den überreichten Schriften falſcher
Angebungen, boshafter Wendungen, und un-
anſtändiger Ausdrücke bedienet worden; oder
wenn eine bereits vorgegangene Beſtrafung
ohne Wirkung geblieben iſt; ſo ſoll die Strafe
des Arreſtes mit Faſten und Züchtigung durch
Streiche verſchärfet, allenfalls die Ausſtellung auf der Schandbühne verhänget, Fremde
aber ſollen aus den ſämmtlichen erbländiſchen
Staaten abgeſchaft werden.

Betteln, (ſiehe Muthwille. §. 60.)

Bücher verbotene, (ſiehe politiſche Verbrechen.)

D.

Darangeld, (ſiehe Dienſtlohn. §. 50.)

Diebſtahl, als ein politiſches Verbrechen, deſſen
macht ſich ein Dienſtboth ſchuldig ſowohl, wann
er ſeinem Dienſtherrn das demſelben eigen-
thümliche Gut in dem §. 29. beſtimmten geringeren Werthe entzieht, als, wenn er wiſſent-
lich eine für ſeinen Dienſtherrn erkaufte Waare in höherem Preiſe aufrechnet, als ſie bezahlet worden, oder wenn er Waare in ſchlechte-
ren Eigenſchaften, in ringerem Gewichte lie-
fert, als in welchem ſie von ihm angegeben,

und

und von dem Dienstherrn bezahlet worden. §. 31. (siehe Diebstahl §. 29.)

Diebstahl als ein politisches Verbrechen, dessen macht sich schuldig, wer fremdes bewegliches Gut, dessen Werth nach der Wienerwährung im ganzen bis fünf und zwanzig Gulden, oder weniger beträgt, einem oder mehreren Besitzern oder Eigenthümern ohne ihr Vorwissen und Einwilligung auf einmal, oder zu wiederholtenmalen, allein oder mit Gehülfen, oder Unternehmern betrüglicher Weise entzieht, wofern die Art der Entziehung nicht mit einem der in §. 160. von c. bis e. enthaltenen erschwerenden Umständen begleitet ist. §. 29. Auch bei größerem Werthe des entfremdeten Guts gehören folgende Diebstähle unter die politischen Verbrechen. a) Holzentfremdungen, die in einer freien nicht eingefangenen Waldung geschehen : b) Wilddiebstähle, die von einem der Jagdbarkeit nicht befugten Thäter auf was immer Art, obgleich allenfalls auf eigenem Grunde unternommen werden; c) die Entfremdungen der Feld - und Baumfrüchte auf offenem Felde. §. 30. (siehe Diebstahl § 160. in dem Kriminallexikon.)

Diebstahl als ein politisches Verbrechen, dessen Strafe ist nach dem Grade des unterlaufenen Betrugs, und des dem Bestohlenen zugegangenen Schadens, Arrest, Züchtigung mit Streichen, und sonstiger Verschärfung. Bey Wiederholung des Verbrechens ist die Vorsehung zu treffen, daß der Schuldige auch nach ausgestandener Strafe durch angemessene Zeit unter der Aufmerksamkeit der Polizey in Ansehen seiner Aufführung, und ehrbaren Nahrungserwerbung gehalten werde. §. 32.

Diebſtahl, und jede Handlung ſo nach dem Straf=
geſetze in ſich ſelbſt unter die Kriminalverbre=
chen nicht gehörte, kann deswegen als ein
Kriminalverbrechen nicht angeſehen und be=
handelt werden, weil der Thäter ſich bisher
andere Handlungen ſchuldig gemacht hat, die
zum Kriminalverbrechen geeignet geweſen, und
wegen welchen er abgeſtraft worden. 9 May
1788. N. 826.

Diebſtähle, ſoweit ſolche vorfallen die zur po=
litiſchen Verhandlung geeignet ſind; und ſo
viel das Geſetz in ſeinen ausgemeſſenen Gra=
den der Dauer, in der Zahl der Streiche, oder
in ſonſtigen Verſchärfungen ein richterliches
Ermeſſen zuläßt, iſt die politiſche Obrigkeit in
dem §. 2. des zweiten Theils vom Strafge=
ſetze durch die Berufung auf den 14. §. des er=
ſten Theils ſchon angewieſen, daß die Beſtim=
mung des eigentlichen Ebenmaſſes zwiſchen
Verbrechen und Strafen auch auf die vorge=
gangene öftere Beſtrafung Rückſicht zu neh=
men ſey. 9 May 1788. N. 826.

Diebſtahls Wiederholung, (ſiehe Diebſtahl. §.
32.)

Dienſtboth iſt als ein politiſcher Verbrecher zu
behandeln, a) der von mehreren Dienſtherren
zugleich ein Darangeld annimmt, und ſich da=
durch zum Dienſte verdinget: b) der nach an=
genommenen Darangelde den Dienſt nicht an=
tritt: c) der aus dem Dienſte ohne die in der
Dienſtbotenordnung enthaltenen beſonderen
Umſtände entweicht d) der ſeinem Dienſtherrn
mit Schimpfworten, oder ſonſt auf eine offen=
bar unanſtändige Art begegnet: e) der durch
Ver=

Verweigerung einer ihm obliegenden Dienſt-
verrichtung, oder offenbare Fahrläßigkeit ſeinem Dienſtherrn Schaden verurſacht. §. 49.
Auf ausdrückliche Anklage des beleidigten
Dienſtherrn iſt der Verbrecher mit Streichen
zu züchtigen, oder zum zeitlichen nach Umſtänden der mehreren oder minderen Bosheit,
des größern, oder geringeren Schadens zu einem ſtrengeren, oder gelinden Gefängniſſe zu
verurtheilen. §. 50.

Dienſtboten, (ſiehe Diebſtahl. §. 31.)
Dienſtherr, der dem austretenden Dienſtbothen
das Zeugniß der Treue ausſtellt, deſſen Un-
treue ihm bekannt war, iſt eines politiſchen
Verbrechens ſchuldig. §. 51. Zur Strafe iſt
wider den Schuldigen zeitliches gelindes Gefängniß zu verhängen. §. 53.

E.

Ehebruch begeht derjenige, wer durch das
Band rechtmäßiger Ehe mit einem Ehegatten
vereint, und dadurch zur ehelichen Treue verpflichtet, ſich mit einer andern unverehlichten,
oder ebenfalls verehlichten Perſon fleiſchlich
vermiſchet. §. 44. Bei dieſem Verbrechen ſoll
die politiſche Behörde ſich von Amtswegen nie,
ſondern nur dann einmengen, wann der beleidigte Theil, Mann oder Weib, die Unterſuchung
und Beſtrafung ausdrücklich fodert: doch ſind
auch dieſe nicht mehr zu hören, wenn ſie die
Beleidigung, nachdem ſie ihnen bekannt geworden, entweder ausdrücklich, oder durch fort-
ge=

gesetzte eheliche Beiwohnung verziehen haben.
§. 45. Die Strafe des Ehebruchs ist Züchti=
gung mit Streichen, oder zeitliches durch Fa=
sten verschärftes Gefängniß. Die Strafe er=
lischt, sobald der beleidigte Theil sich erklärt,
den schuldigen Gatten anzunehmen, und mit
demselben in ehelicher Verbindung zu leben.
§. 46.

Ehekontrakt, wenn solcher in den Erblanden
von jemanden mit Verschweigung eines ihm
bekannten, in den Landgesetzen gegründeten
Hindernisses geschlossen wird, und solcher sich
ohne vorläufig bemerkte ordentliche Dispen=
sazion trauen läßt, oder wenn ein Eingebohr=
ner in ein fremdes Land sich begiebt, um da=
selbst eine Ehe zu schließen, zu der er nach dem
Landesgesetze nicht berechtiget wäre : oder wenn
Aeltern die Gewalt über ihre Kinder dahin
mißbrauchen, um sie zu einer Ehe wider ihren
Willen auf eine Art zu zwingen, die in dem
Gesetze die Nichtigkeit des Kontrakts wirkte,
so wird andurch ein politisches Verbrechen
begangen. §. 47. Zur Strafe wird zeitliches
strengeres Gefängniß, auch öffentliche Arbeit
bestimmt. Der Verführer ist mit mehrerer
Strenge zu behandeln, auch die Strafe zu
verschärfen, wenn dem einen Theile das beste=
hende Hinderniß ganz verborgen geblieben,
mithin derselbe unschuldig in die nichtige Ehe
eingezogen worden ist. Dem unschuldigen
Theile bleibt das Recht vollkommener Ent=
schädigung und Genugthuung vorbehalten.
§. 48.

Ehehinderniß, (siehe Ehekontrakt. §. 48.)

Emigrazionsfälle, in solchen sind die Juden mit den Christen vollkommen gleich zu halten, mithin auch nach gleichen Gesetzen zu bestrafen, wenn sie dagegen handeln 19 Aug. 1788. n. 876.

Erlaubte Spiele, (siehe Spiele. §. 34.)

F.

Fahren schnelles, (siehe Kinder. §. 24.)

Fahrläßigkeit des Dienstbothen, (siehe Dienstboth §. 50.)

Falsche Urkunden zur Paßirung, (siehe Kontumaß §. 250.)

Fangeisen, (siehe Gesundheitsanstalten §. 28.)

Fanggruben, (siehe Gesundheitsanstalten.)

Fasten, (siehe Arrest §. 16.)

Feldfrüchte, (siehe Diebstahl §. 30. c.)

Fenster einwerfen, (siehe Muthwille §. 60. b.)

Feuer, wenn solches durch eine unvorsichtige, gefährliche Handlung entstehet, und dadurch Hab und Gut der Mitbürger in Gefahr gerathen kann, so ist diese Handlung ein politisches Verbrechen, z. B. a) wenn auf Hausböden in Stallunzen, in Holzbehältnissen, oder sonst in Zimmern, und Gewölbern, die mit feuerfangenden Waaren angefüllt sind, Tabak geschmaucht wird, b) wenn solche Oerter mit frey brennendem Lichte betreten werden: c) oder überhaupt eine Handlung, die der Feuerordnung zuwider läuft, verübt wird. §. 57. Die Strafe ist zeitliches gelindes Gefängniß,
oder

ober bei besonderem Grade der Unvorsichtigkeit
Züchtigung mit Streichen.

Feuerordnung, (siehe Feuer §. 58.)

G.

Gemälde verbotene, (siehe politische Verbre=
cher §. 58.)

Gesundheitsanstalten, als Verbrecher gegen die=
selbe werden alle Handlungen erkläret, von wel=
chen der Thäter weis, daß sie dem Gesund=
heitsstande schädlich, oder gefährlich seyn kön=
nen. Und da hierinn der Erfindsamkeit des
Eigennutzes, der Arglist und Bosheit zuvorzu=
kommen, und alle möglichen Fälle und Hand=
lungen in dem Gesetze auszudrücken nicht
thunlich ist; so werden, ohne die übrigen
auszuschließen, hier wenigstens die gewöhnli=
chern angeführt, a) wenn todtes Vieh in
einen Brunn, Bach, Fluß, geworfen wird:
b) wenn bei dem in einer Viehseuche gefalle=
nen Viehe, die durch die Sanitätsgesetze be=
stimmten Vorsichten übertreten werden : c)
wenn jemand die an seinem Viehe entdeckten
Zeichen der Wuth anzuzeigen unterläßt : d)
wenn an gangbaren Orten Fangeisen aufge=
stellet, oder Fanggruben ausgegraben wer=
den §. 27. Die Strafe dieses Verbre=
chens ist öffentliche Arbeit, mit oder oh=
ne Eisen, dessen Dauer nach dem Verhältnisse
des Schadens zu bestimmen, so durch seine
Handlung entstanden ist. §. 28.

Gesundheitspaß, (siehe Kontumaz §. 26.)

Ge=

Gesundheitsurkunde, (siehe Kontumaz §. 25. e. f.)

Gewerbsmann, (siehe Hausarrest.)

Giftwaare, wer ohne alle böse Absicht durch
Verkauf desselben seinem Nächsten einen Schaden zugefüget, oder auch nur einen entfernten
Anlaß zur Beschädigung gegeben hat, ist eines
politischen Verbrechens schuldig, §. 19. Eben
so macht sich desselben der Apotheker schuldig, der entweder verbotene Arzney verkauft,
oder dieselbe falsch zubereitet, §. 20. Hat der
Verbrecher unmittelbaren Schaden zugefüget,
so ist die Strafe anhaltendes hartes Gefängniß oder öffentliche Arbeit. War aber des
Verbrechers That nur die entfernte Gelegenheit zur Beschädigung, so ist die Strafe zeitliches strengeres Gefängniß. §. 21.

Gottesläfterer, ist derjenige, der die Vernunft
auf den Grad verläugnet, und den Allmäch-
tigen in öffentlichen Oertern, oder in Gegenwart anderer Menschen, durch Reden, Schriften, oder Handlungen freventlich lästert,
dieser ist als ein Wahnwitziger zu behandeln,
und in dem Tollhause in so lang gefänglich
anzuhalten, bis man seiner Besserung verge-
wisset ist. §. 61. Jede Handlung, durch die
eine öffentliche gottesdienstliche Uebung der
herrschenden, oder einer geduldeten Religion
gefliessentlich gestöret, in Gotteshäusern Ausgelassenheit, oder öffentliche Verachtung be-
zeiget, zum Gottesdienste gewidmete Geräth-
schaften gemißhandelt werden, ist ein politisches Verbrechen. §. 62. Die Strafe dieses
Verbrechens ist zeitliches strengeres Gefängniß, so mit Fasten, und Züchtigung mit
Strei-

Streichen zu verschärfen ist, wenn aus der Handlung großes Aergerniß entstanden ist. §. 63.

H.

Hausarrest kann in den Fällen, wo in dem Geseze gelinder Arrest zur Strafe bestimmt ist, wider den Verurtheilten, welcher von Adel ist, der ein öffentliches Amt begleitet, oder der ein Gewerbsmann von sonst untadelhaften Lebenswandel und guten Leumuth ist, verhänget werden. §. 15.

Hausarrest, solcher verpflichtet den dazu Verurtheilten sich während der zuerkannten Strafzeit in seiner Wohnung zu halten, und sich daraus unter keinem Vorwande zu entfernen. Der Hausarrest kann mit Aufstellung einer Wache, oder gegen bloße Angelobung des Verurtheilten, daß er sich der Strafe genau unterziehen werde, vorgenommen werden. Wenn derjenige, dem der Hausarrest zuerkannt ist, sich aus seinem Hause entfernet, wird er verurtheilt für die ganze in dem Urtheile bestimmte Zeit den Arrest in dem öffentlichen Gefängnisse auszuhalten. §. 15.

K.

Kartenspiel, (siehe Spiel §. 33.)
Kinder, wenn solchen oder einem Menschen, der sich selbst gegen Gefahr zu schützen nicht vermag,

mag, durch Ueberfahren, in das Wasserfallen, eigene Verletzung, oder sonst auf eine Art Tod oder Verwundung zugefügt worden, welchen durch die schuldige Aufmerksamkeit desjenigen hätte ausgewichen werden können, dem die Aufsicht über das Kind, oder einen solchen Menschen aus natürlicher Pflicht, oder aus obrigkeitlichem Auftrage oblag, so ist dessen Sorglosigkeit ein politisches Verbrechen. §. 22. Insgemein ist die Strafe dieses Verbrechens zeitliches gelindes Gefängniß. Dasselbe muß aber, wenn Tod, oder schwere Verwundung erfolget ist, nach dem eintretenden höheren Grade der Sorglosigkeit verschärfet werden. §. 523. Mit gleicher Strafe ist auch derjenige zu behandeln, der durch schnelles Reiten, oder Fahren jemanden beschädiget, oder wohl gar getödtet hat. §. 24.

Kleiderzerreissen, (siehe Muthwille §. 60. c.)

Kontumaz, wer aus einer Provinz, gegen welche wegen Gefahr der Pest die Haltung derselben geordnet, oder ein Kordon gezogen ist, zu Land auf den nicht dazu bestimmten Wegen, oder zur See an den sogenannten Porti morti, das ist den unerlaubten Häven und Meergestaden in das Land käme, Waaren dahin führt, oder absetzt; b) Wer den Kordon überschreit, ohne sich bei den daselbst bestellten Beamten zu melden; c) Wer sich aus verdächtigen Gegenden eingeschlichen, und bei weiterer Fortsetzung seines Weges, einen falschen Ort, von dem er gekommen, angiebt; d) Wer sich in Gesundheitssachen fal-

falsche Urkunden zur Paſſirung ſelbſt verfertiget, zur Verfertigung derſelben mitwirkt,
wer von ſolcher Urkunde, wenn ſie auch von
andern verfertigt worden, Gebrauch macht;
e) Auch derjenige, der einer ächten, aber
einem Andern angehörenden Geſundheitsur-
kunde ſich bedient; f) Wer von einer falſchen, oder unrecht gebrauchten Geſundheits-
urkunde etwas weis, und davon nicht bei
erſter Gelegenheit die Anzeige macht; g)
Wenn jemand vor geendigter vorgeſchriebenen Reinigung aus dem Kontumazhauſe entweicht; h) Wer vor vollendeter Kontumaz
ohne Bewilligung der Kontumazaufſicht, ſich
geſunden Perſonen nähert, mit ſelben auf irgend eine Art Gemeinſchaft pfleget; i) Auch
eine geſunde Perſon, die ohne Erlaubniß der
Kontumazaufſicht ſich dem Kontumazorte
näherte, um mit den daſelbſt befindlichen Perſonen auf irgend eine Art in Gemeinſchaft
zu gerathen, macht ſich eines politiſchen
Verbrechens ſchuldig. Weiters macht ſich eines politiſchen Verbrechers ſchuldig ein bei
dem Kordon angeſtellter Beamter, a) der
Perſonen, oder Waaren auf unerlaubten Wegen, oder auf erlaubten Wegen aber ohne
gehaltene Kontumaz in das Land läßt, oder
vor der zur Kontumaz vorgeſchriebenen Zeit,
aus der Kontumaz entläßt, b) der einen falſchen Geſundheitspaß ertheilt, c) der auf einen falſchen, oder unrechtmäſſig gebrauchten
Geſundheitspaß jemanden durchläßt, d) auch
der Unterbeamte, welcher von einer ſolchen
unerlaubten Durchlaſſung in das Land, Ent-
laſſung, oder Entweichung aus der Kontu-

maz

maz Wissenschaft hat, ohne sogleich die Anzeige zu machen. Endlich begeht auch ein politisches Verbrechen jeder, a) der Personen oder Waaren zur Umgehung der ausgezeichneten Wege, durch Rath, Wegweisung, oder auf sonst immer eine Weise behilflich ist; b) Wer fremde Personen oder Waaren aus verdächtigen Gegenden ohne das gehörige Gesundheitszeugniß und Paß übernimmt, frachtet, befördert; c) Wer in den dem Pestkordon nahe liegenden Ortschaften fremde Personen, oder Waaren, ohne alles Gesundheitszeugniß, oder ohne daß das Gesundheitszeugniß nach Vorschrift von der Obrigkeit rekognoscirt worden, beherbergt, Unterstand giebt. §. 25. Ein solcher Verbrecher ist dem Militärgerichte zu übergeben, und von demselben allein nach den Gesetzen abzuurtheilen, die zur Sicherheit der Erbländer nach Verhältniß der Gefahr zu erlassen nöthig seyn wird. §. 26.

Kordon, (siehe Kontumaz §. 25. b.)

Kothanwerfen, (siehe Muthwillen §. 60. e.)

Kriminalverbrechen, wenn der Thäter nebst den politischen Verbrechen sich zugleich desselben schuldig gemacht hat, ist derselbe sogleich dem Kriminalrichter zu übergeben. Die Strafe ist nach dem Kriminalverbrechen auszumessen, und nur bei Verschärfung derselben auf das politische Verbrechen den Bedacht zu nehmen. §. 7.

Kriminalverbrechen, (siehe Strafe politische § 6. 7.)

Krist-

Kriſtliche Religion.

Kriſtliche Religion, (ſiehe Abfall §. 66.)
Kuppeley; (ſiehe Unzucht §. 74.)

M.

Maske, (ſiehe politiſche Verbrechen §. 78.)
Militargericht, (ſiehe Kontumaz §. 26.)
Mitwirker, (ſiehe Anſchuldung §. 3.)
Muthwille, jeder wird als ein politiſches
Verbrechen erklärt; der auf öffentlicher
Straſſe ausgeübt, und wodurch einer, oder
mehreren Perſonen Ungelegenheit verurſacht,
oder Beſchädigung zugezogen wird. Da die
Arten der Ausgelaſſenheiten auch hier zu
mannigfältig ſind, um in einem Geſetze aus-
gedrückt zu werden, ſo werden, ohne die
übrigen auszuſchlieſſen, nur diejenigen angeführt, welche gewöhnlicher ſind: als a) wenn
jemand vernichtet, beſchädigt, niederreißt, was
zum Nutzen, zur Bequemlichkeit, oder zur
Luſt des Volks erbauet, errichtet, gepflanzet
iſt: b) wenn jemand in Fenſter, und Woh-
nungen etwas einwirft, das zu beſchädigen,
oder verletzen beſchaffen iſt: c) wenn jemand
die Vorübergehenden begießt, anwirft, durch
gefliſſentliches Zudrängen niederwirft, ihre
Kleidungen verreißt, verdirbt, oder auf was
immer für eine Art dem Vorübergehenden
eine Ungemächlichkeit zuzieht: d) wenn jemand durch ungeſtümmes Betteln Almoſen
abzunöthigen ſuchet. §. 39. Da die Umſtände

de derlei Muthwillens zu sehr verschieden
sind, um zum voraus für jeden Fall die
Strafe auszumessen, so wird lediglich überhaupt bestimmt, daß nach Verhältniß des
an mehreren Personen, oder von größerer
Wichtigkeit zugefügten Schadens nicht bloß
Gefängniß von verschiedener Dauer, oder öffentliche Arbeit, sondern auch Ausstellung
auf der Schandbühne, und Züchtigung mit
Streichen zur Strafe statt finden könne.
§. 60.

N.

Niederwerfen auf der Gasse, (siehe Muthwille §. 60. c.)

O.

Oeffentliche Strasse, (siehe Weibsperson §.
20.)

P.

Pasquille, (siehe Schmähschriften §. 53. 54.
55. 56.)
Politisches Verbrechen, unter solche gehören,
die in dem hierüber erlassenen Geseze nicht
aus-

ausdrücklich genannten Handlungen nicht.
Dennoch werden auch die übrigen gesezwidri=
gen Handlungen von der öffentlichen Aufsicht
nicht unbeobachtet, noch bei ihrer Entdeckung
straflos bleiben , sondern nach den hierüber
bestehenden Verordnungen behandelt werden.
§. 1. (Siehe Strafe §. 6.)

Politische Verbrecher, unter solche wird jeder
gezählt, a) der mit verbotenen Büchern,
oder mit Gemälden, und Schildereyen, so
unzüchtige Handlungen vorstellen , Handel
treibt: b) der ausser den durch die Obrig=
keit gestatteten Belustigungsörtern sich in ei=
ner Maske, oder auf andere Art verkleidet:
c) der sich in geheime Zusammenkünfte, und
Verbrüderungen einläßt, welche der Obrig=
keit nicht angezeiget werden: d) der, ohne
es der Obrigkeit anzuzeigen, in seiner Woh=
nung jemanden einen Unterstand giebt, dessen
ehrbarer Nahrungsstand ihm nicht bekannt
ist. §. 77. Diesem Verbrechen ist zeitliches
gelindes Gefängniß, bestimmt. Die verbo=
tenen Bücher, Gemälte, Schildereyen sol=
len dem Schuldigen abgenommen, und ver=
tilget werden. §. 78.

Pest. (siehe Kontumaz §. 25. 2.)

Prozeßmacher muthwillige, (siehe Betrüger.)

R.

Religionsverläugnung, (siehe Abfall §. 66.)
Reiten schnelles, (siehe Linter §. 24.)

S.

Schandbilder (siehe Schmähschriften §. 33.
54. 55. 56.)

Schandbühne, (siehe Ausstellung auf der
Schandbühne §. 12.)

Schimpfworte, (siehe Dienstboth §. 50. b.)

Schmähung, (siehe Schmähschriften §. 56.)

Schmähschriften und Schandbilder, wer auch
ohne böse Absicht jemanden in solchen schil=
dert, die den Angegriffenen wegen fälschlicher
Anschuldung gesetzwidriger Handlung den
Argwohn verdienter Verachtung zuziehen
könnte, macht sich eines politischen Verbre=
chens schuldig, es mag nun dem Geschmäh=
ten dadurch Schaden, oder Verlust eines er=
warteten Vortheils zugezogen, oder seine
häusliche Ruhe gestöret worden seyn, oder
nicht. §. 53. Die Strafe dieses Verbrechens
ist zeitliches gelindes Gefängniß, oder öffent=
liche Arbeit. Dem Beleidigten ist aber das
Recht der Genugthuung, und vollkommenen
Entschädigung vorbehalten. Wenn jedoch die
Schmähung eine Person betroffen hat; die
wegen Untadelhaftigkeit ihres Wandels, und
ihrer Sitten, wegen Würde, und Ansehen
des Karakters, den sie bekleidet, wegen ihrer
Geburt, wegen der ihr über den Schmä=
henden zustehenden obrigkeitlichen Gewalt,
besondere Achtung verdiente, oder wenn zwi=
schen dem Schmähenden, und Geschmähten
die §. 85. und 92. des ersten Theils dieses
Strafgesetzes bemerkten Verhältnisse eintre=
ten;

ten; so ist die Strafe zeitliches strengeres
Gefängniß, und kann selbes durch Ausstellung auf der Schandbühne, und Züchtigung
mit Streichen verschärfet werden. §. 54. Des
Verbrechens der Schmähung wird auch derjenige schuldig erkläret, der, ob er gleich das
Schandbild, oder die Schmähschrift weder
verfertiget, noch veranlaßt, noch dazu mit-
gewirkt hat, oder da ihm ein Schandbild,
oder eine Schmähschrift bekannt geworden,
statt sie zu unterdrücken, dieselben weiters
verbreitet, und zur Oeffentlichkeit gebracht
hat. §. 55. Die Strafe ist zeitliches gelinderes Gefängniß, das bei Eintretung der §.
54. bemerkten Umstände durch Fasten zu
verschärfen ist. §. 56.

Schnelles Reiten und Fahren, (siehe Kinder
§. 24.)

Spiel erlaubtes, wer in demselben sich eines
Betrugs, wie er immer geartet seyn mag,
bedient, als z. B. wenn er falsche, oder
ausgezeichnete Karten oder Würfel gebraucht,
sich durch Verdrehung fremde Karten zueignet, sich fremdes Spiel mit Einverständniß
eines Dritten verrathen läßt, ist eines politischen Verbrechens schuldig. §. 32. Hat
der Thäter in dieser Art Betrugs gleichsam
sein Gewerb gesucht, hat er durch diesen Betrug Personen hinterführet, denen die Ver-
waltung ihres Vermögens nicht eigen ist;
war der Schaden für diejenigen wichtig,
gegen welche der Betrug ausgeübet worden;
war die Art des Betrugs so künstlich ge-
wendet, daß demselben nicht leicht ausgewichen

chen werden könnte; so ist dieses Verbrechen mit der Schandbühne, oder öffentlichen
Arbeit zu bestrafen. Ausser den angeführten
Umständen ist gegen den Schuldigen zeitliches strengeres Gefängniß zu verhängen.
Uebrigens ist der Thäter dem Betrogenen
den ganzen Betrag des Gewinns von dem
ganzen Spiele zurückzustellen schuldig, in
welchem er, obschon nur bei einem einzigen
Falle, des Betrugs überwiesen ist. Gegen
Fremde ist die Schandbühne und Abschaffung aus den sämmtlichen erbländischen
Staaten zu erkennen. §. 34. Mitschuldige
dieses Verbrechens sind alle diejenigen, die
zu Ausübung des Betrugs in was immer
Art wissentlich mitgewirket, oder einem Dritten in der Absicht, damit der Betrug ausgeübt werde, Unterricht ertheilet haben. §.
35. Die Strafe der Mitwirkung zu diesem
Verbrechen ist zeitliches gelinderes Gefängniß, so durch Fasten verschärfet werden kann.
Auf ertheilten Unterricht zu falschem Spiele ist die Strafe zeitliches strengeres Gefängniß, so durch Züchtigung mit Streichen verschärfet werden kann. Dem Beschädigten
ist übrigens das Recht vorbehalten, wider
den Mitschuldigen die vollkommene Entschädigung zu fodern, soweit er sie von dem Betrüger selbst nicht erhalten kann. §. 36.
Spiel verbotenes. Wer solches spielet, macht
sich eines politischen Verbrechens schuldig.
§. 37. Eines solchen Verbrechens macht sich
auch derjenige schuldig, in dessen Wohnung
ein verbotenes Spiel gespielet wird. §. 38.

der

der Uebertreter dieses Verbots, sowohl der Spieler selbst, als diejenigen in deren Wohnung gespielet wird, sollen für jeden Fall mit drei hundert Dukaten gestraft, und dieses Strafgeld der Landesstelle abgeführet werden. Hievon hat der Anzeiger verbotener Spiele, dessen Name verschwiegen gehalten werden soll, ein hundert Dukaten zu empfangen, und würde jemand aus der Zahl der Spielenden, oder derjenige, wo das Spiel gehalten worden, die Anzeige selbst machen; so soll auch diesen nebst dem, daß ihnen die verwirkte eigene Strafe nachgesehen wird, die Belohnung für die Anzeige zu gut kommen. Wenn der Schuldige die gesetzmäßige Geldstrafe wegen Unvermögen abzuführen nicht im Stande ist, soll er mit zeitlichem gelinderen Gefängnisse beleget werden. §. 39.

Strafarbeiten, öffentliche, (siehe Zuchthäuser. n. 850.

Strafe des Diebstahls, (siehe Diebstahl. §. 32.

Strafe, politische, folgt dem Entdeckten, und bewiesenen politischen Verbrechen, welche nur von der politischen Behörde zu verhängen ist. Wenn aber der Thäter nebst dem politischen Verbrechen sich zugleich eines Kriminalverbrechens schuldig gemacht hat, ist derselbe sogleich dem Kriminalrichter zu übergeben. Die Strafe ist nach dem Kriminalverbrechen auszumessen, und nur bei Verschärfung derselben auf das politische Verbrechen den Bedacht zu nehmen. §. 6. 7.

Strafe, politische, in Ausmessung derselben ist die politische Obrigkeit an gegenwärtiges Strafgesetz gebunden. Sie kann daher die in dem Gesetze bestimmte Strafart nicht abändern, den festgesetzten Grad weder verschärfen noch lindern. Nur soweit der bestimmte nämliche Grad eine etwas strengere, oder gelindere Verurtheilung zuläßt, ist bei der eigentlichen Ausmessung der Strafe darauf zurückzusehen, worauf in dem §. 14. des ersten Theils dem Kriminalrichter sowohl in Absicht auf die That, als in Absicht auf den Thäter Rücksicht zu nehmen, vorgeschrieben ist. §. 8.

Strafe, politische, sind Züchtigung mit Schlägen, Ausstellung auf der Schandbühne, Arreste, öffentliche Arbeit in Eisen, Abschaffung aus einem bestimmten Orte. Geldstrafen können gegen politische Verbrechen, den einzigen Fall verbotenen Spieles ausgenommen, nicht verhänget werden. §. 10.

Strafe, verhängte und vollzogene, enthebt den Thäter, und dessen Erben nicht von der Verbindlichkeit, demjenigen die Entschädigung zu leisten, dem sie aus der That gebühret. Die Strafe selbst aber hat auf des Thäters Erben, oder angehörige keinen Bezug. §. 9.

Strasse, öffentliche, der allda ausgeübte Muthwille, (siehe Muthwille. §. 60.)

Strasse, öffentlche, (siehe Weibsperson. §. 70.)

Tad

T.

Taxe, wenn jemand bei erlaubtem Verkaufe
einer Waare dieselbe darüber verkauft, die
durch die Polizei ausg........ ist, oder wenn
er seine Waare nach ..... m Maaße und
Gewichte verk...... m.. sich eines politischen Verbr......... 40. Insgemein wird für die ...... zeitliches
.... es Gefängniß zur Strafe festgesetzet,
...... kann aber verschärfet werden, wenn
der Betrug im Verkaufe durch längere Zeit
geübet, oder das Publikum beträchtlich, oder
auf eine Art, die nicht leicht zu entdecken
war, verkürzet worden. §. 41.

Tobakschmauchen, (siehe Feuer. §. 58.)

Todtes Vieh, in Brunnen werfen, (siehe Ge-
sundheitsverwalten. §. 28.)

Treu des Dienstboten, das hierüber gegebene
falsche Zeugniß, (siehe Dienstherr. §. 51. 52.)

U.

Ueberfahren, (siehe Kind. §. 22. 23. 24.)

Unglauben, (siehe Abfall. §. 66.)

Unterstand in der Wohnung, (siehe politische
Verbrecher. §. 78.)

Unzucht, wer solche in seiner Wohnung gestattet, wer Verdienst, und Gewinn in dem
sucht, daß er Personen beiderlei Geschlechts
zur Unzucht Gelegenheit verschaffet, auch
wer

wer ohne Gewinnsucht eine Weibsperson in
Bekanntschaften, und Gelegenheiten verleitet,
durch die sie zur Unzucht verführt wird,
macht sich des politischen Verbrechens der
Kuppeley schuldig; wenn sie auch Freunde,
oder Diener desjenigen wären, wegen welcher sie zur Kuppeley Mithilfe geleistet haben. §. 73. Zur Strafe dieses Verbrechens
wird für das erstemal anhaltende öffentliche
Arbeit festgesetzet. Doch ist die Strafe zu
verschärfen, wenn eine unschuldige Person
dadurch verführt worden. Kömmt der Verbrecher zu wiederholtenmale ein, so ist er auf
die Schandbühne zu stellen, mit Streichen
zu züchtigen; und aus dem Orte des verübten Verbrechens zu entfernen; oder wenn er
ein Fremder ist, aus den sämmtlichen erbländischen Staaten abzuschaffen. §. 74.
Unzucht, der sich damit Verdienst verschaft, und
er sey Mann oder Weib mit seinem Körper
Gewerb treibt, ist ein politischer Verbrecher.
§. 75. Der Schuldige ist das erstemal mit
zeitlichem strengeren Gefängnisse zu belegen.
Bei öfterer Wiederholung ist die letzte aus-
gestandene Strafe immer zu verdoppeln, und
mit anderweiten Züchtigungen durch Fasten,
oder Streiche damals zu verschärfen, wenn
minderjährige Leute verführt worden. Ist
der Schuldige ein Fremder, so ist derselbe
aus den sämmtlichen Erbländern abzuschaffen. §. 76.
Unzucht, wer auf öffentlicher Strasse, oder an
einem Orte, an welchem die Leute gewöhnlich hin und her zu gehen pflegen, sich är-
gerlich entblößt, oder Unzucht treibt, oder
wer

wer den andern auf öffentlicher Straſſe, um ihn zur Unzucht zu verleiten, anſpricht, er ſey männlichen oder weiblichen Geſchlechts, iſt eines politiſchen Verbrechens ſchuldig. §. 67. Die Strafe iſt zeitliches Gefängniß, das nach Umſtänden gelinder, oder ſchärfer beſtimmet werden kann, immer aber mit Faſten zu verſchärfen iſt. §. 68.

V.

Vieh, wer die Menſchheit in dem Grade abwürdiget, um ſich mit einem Viehe, oder mit ſeinem eigenen Geſchlechte fleiſchlich zu vergehen, macht ſich eines politiſchen Verbrechens ſchuldig. §. 71. Iſt das Verbrechen ſo begangen worden, daß daſſelbe öffentliches Aergerniß erreget hat, ſo iſt zur Strafe Züchtigung mit Streichen, und zeitliche öffentliche Arbeit beſtimmt. Iſt aber daſſelbe nur weniger bekannt geworden, ſo iſt der Thäter mit zeitlichem ſtrengeren Gefängniſſe zu belegen, ſo durch Faſten, und Züchtigung mit Streichen zu verſchärfen iſt. Auch ſoll der Thäter von dem Orte, wo er öffentlich Aergerniß gegeben hat, abgeſchaft werden. §. 72.

Vieh gefallenes, (ſiehe Geſundheitsanſtalten §. 28.)

Viehſeuche, (ſiehe Geſundheitsanſtalten §. 28.)

Verheler und Beförderer der Deſerteure, wider ſolche wird ein gleichförmiges Rekrutengeld
in

in allen Ländern, und zwar für jeden Infanteri-
sten funfzig, und für jedenKavalleristen ein hundert Gulden bestimmet. 5ten Jänner 1790.

Verletzung auf der Straffe, (siehe Muthwille
§. 60. a.)

Verbotene Spiele, (siehe Spiele §. 39.)

Verbrechen, (siehe politisches Verbrechen, Anschuldung)

Verbindungen geheime, (siehe politische Verbrechen §. 78.)

Verschärfung des Arrests, (siehe Arrest §. 16.)

Versuch, blosser, läßt keine Anschuldung eines
politischen Verbrechens zu, dieser Versuch
mag sich durch was immer für äusserliche
Kennzeichen, und Anschickung geoffenbaret
haben, oder aus was immer für Umständen
die That in der Folge unterblieben seyn mag.
§. 4.

Verweisung aus einem bestimmten Orte,
wenn jemand, gegen welchen solche von der
Obrigkeit verhängt worden, während des noch
daurenden Verbots nach diesem Orte zurück-
kehrt, ist dadurch schon eines politischen Verbrechens schuldig, wenn auch sonst seinem Betragen
nichts zurLast gelegt werden kann. §. 79.

Verweisung. Wenn jemand, der aus den
sämmtlichen Ländern der österreichischen Staaten abgeschafet worden, unter was immer
Vorwande zurückkehret, ohne vorläufig die
Nachsicht dieser Abschaffung bewirket zu haben; so ist diese Wiederkehr ein politisches
Verbrechen, wenn gleich des Revertenten Betragen seit seiner Rückkehr ordentlich und
                                        ohne

ohne Ausstellung gewesen ist. §. 81. Die
Strafe ist Züchtigung mit Streichen, die bei
jeder wiederholten Rückkehr zu verdoppeln
sind. Zugleich ist der Schuldige wieder aus
den hiesigen Ländern abzuschicken. §. 82.

W.

Waaren, siehe Kontumaz §. 26.

Wahnwiziger, als solcher ist ein Gotteslästerter zu behandeln. §. 63.

Wasserfallen, (siehe Kind §. 22. 23. 24.)

Weibsperson von unbescholtenem Rufe, die ihren Weg anständig wandelt, wer solche
auf offener Straße mit Gebärden, oder Reden auf eine solche Art verfolgt, welche die
Verführung zur Ausgelassenheit deutlich anzeiget, ist auf Anklage der beleidigten Weibsperson als ein politischer Verbrecher zu behandeln. §. 69. Die Strafe ist zeitliches gelindes Gefängniß. §. 78.

Wilddiebstähle, (siehe Diebstahl §. 30.)

Winkelschreiber, (siehe Betrüger.)

Wuth, (siehe Gesundheitsanstalten §. 28.)

Würfel, (siehe Spiel §. 33.)

Z.

Zuchthäuser, in solchen soll sowohl als auch
bei öffentlichen Strafarbeiten mit den verurtheilten Sträflingen in Ansehung ihrer Re-

ligion kein Unterschied gemacht, und an je-
nen Tagen, an welchen nach den Gesezen der
herrschenden Religion zu Arbeiten gestattet
ist, alle Sträflinge ohne Unterschied gleich
den Katholischen zur Arbeit angehalten werden. Den 23. Juny 783. n. 850.

Züchtigung mit Schlägen, solche kann entweder für sich allein als die Strafe bestimmet,
oder durch dieselbe eine andere Strafe verschärfet werden. Diese Züchtigung muß alle-
mal öffentlich geschehen. Die Gradazion dieser Bestrafungsart ist bei politischen Verbrechen folgendermassen festgesetzet: Dem Manne
können auf einmal mehr nicht als fünfzig
Haselnußstockstreiche, dem Weibe nicht mehr
als dreißig Karbatschstreiche vom Ochsenzähm,
oder mit Ruthen gegeben werden. Diese
Streiche sind nie auf den Rücken, oder die
Schenkel, sondern immer auf die Backen des
Hintern zu versetzen, und ist der Verbrecher
zu diesem Ende auf eine Bank liegend aus-
zustrecken. Das Strafurtheil muß die eigentliche Zahl der Streiche, und die Wiederholung dieser Züchtigung bestimmt ausdrü-
cken. §. 11.

Zusammenkünfte, geheime, (s. politische Verbrecher. §. 78.)

Zeugniß, falsches, welches dem Dienstbothe gegeben wird, (siehe Dienstboth. §. 51. 52.)